# 100 Jahre SoVD

Die Chronik
von 1917 bis 2017

# Inhaltsverzeichnis

100 Jahre SoVD Sozialverband Deutschland

# Vorwort
# SoVD-Präsident Adolf Bauer

Der Sozialverband Deutschland wird in diesem Jahr ein Jahrhundert alt: 100 Jahre Kampf für soziale Gerechtigkeit und Chancengleichheit. Dies ist ein würdiger Anlass, unsere Verbandsgeschichte in einer Chronik zu veröffentlichen.

Als sich unsere Gründungsväter am 23. Mai 1917 in der Lindenstraße in Berlin trafen und den „Bund der Kriegsteilnehmer und Kriegsbeschädigten" gründeten, bezog sich ihr Programm auf die dramatischen Umstände der Zeit des Ersten Weltkrieges. Allerdings sind die damaligen Forderungen nach besserer Versorgung sozial Benachteiligter heute immer noch aktuell. Geschaffen wurde ein Selbsthilfeverband, der bedürftigen Menschen unabhängig und parteipolitisch neutral Unterstützung zukommen ließ und noch immer lässt. Dieser Tradition verpflichtet streitet der SoVD, damals wie heute, für einen Rechtsstaat, der soziale Gerechtigkeit garantiert und Inklusion als Leitprinzip verfolgt.

Umbrüche, Auflösung und Wiederaufbau haben unseren Verband unmittelbar geprägt. Die Verbandsgeschichte des SoVD, ehemals Reichsbund, ist auch ein Spiegelbild der deutschen Geschichte. Zahlreiche Reformvorschläge zur Sozialhilfe, zur gesetzlichen Kranken-, Renten-, Pflege- oder Arbeitslosenversicherung prägen unsere Arbeit von damals bis in die heutige Zeit.

Der Sozialverband Deutschland greift gesellschaftspolitische Themen auf, prangert Missstände an und erarbeitet konstruktive Lösungsvorschläge und Konzepte. Unsere fachpolitischen Kompetenzen sorgen nicht nur dafür, dass immer mehr Menschen beim SoVD Unterstützung suchen, sondern bewirken auch, dass wir ein kompetenter Ansprechpartner für Politik, Verwaltung und den Dritten Sektor sind.

12 Landesverbände, 2.000 Kreis- und Ortsverbände sowie 570.000 Mitglieder machen den Sozialverband Deutschland zu einer starken Gemeinschaft und zu einer großen Familie.

In diesem Jahr feiern wir dies mit unseren Mitgliedern, unseren Partnern und unseren Freunden. Egal ob Orts-, Kreis-, Landes- oder Bundesverband: Wir sind stolz auf unsere Geschichte, auf unseren Kampf für Frieden und Demokratie, auf unseren Widerstand gegen Diktatur und Unterdrückung, auf 100 Jahre Einsatz für Solidarität, Gleichberechtigung und soziale Gerechtigkeit.

Ihnen und uns wünsche ich auch in Zukunft viel Erfolg beim Eintreten für einen starken Sozialverband und damit eine starke soziale Gesellschaft.

Adolf Bauer, Präsident

# Einleitung

## 100 Jahre: vom Reichsbund zum SoVD Die Chronik von 1917 bis 2017

Die Geschichte des Sozialverbands Deutschland als einer der bedeutsamen sozialpolitischen Akteure der letzten 100 Jahre ist auch ein Abbild der deutschen Geschichte. Sie reicht von der Gründung im ausgehenden Kaiserreich und der Weimarer Republik über die Selbstauflösung zu Beginn des Nationalsozialismus und den unbelasteten Neuanfang 1945 bis in die heutige Zeit – begleitet von einem beständigen Bekenntnis zur sozialen Gerechtigkeit und zur Demokratie.

Diese Entwicklung zeigt eindrucksvoll die Geschichte einer deutschen Selbsthilfeorganisation, deren vielfältige, effektive Hilfestellung für die sozial Benachteiligten, deren Einsatz für die Rechte der sozial schwachen Bevölkerungsgruppen und deren beständiges Hinwirken auf einen modernen Sozialstaat berechtigterweise als ein Eckpfeiler der deutschen Sozialgeschichte bezeichnet werden kann.

Bis zum heutigen Tag sind bereits zwei Teile der SoVD Chronik in gedruckter Form erschienen. Teil I für die Zeit von 1917–1933 und Teil II für die Jahre 1945–1948. Autor dieser beiden Werke ist Werner Falk.

Anlässlich des 100jährigen Verbandsjubiläums hat sich der Sozialverband Deutschland nun entschieden, einen zusammenfassenden Gesamtband "100 Jahre" zu veröffentlichen, der die Zeit vor 1948 in verkürzter Form noch einmal aufgreift und die SoVD-Geschichte ab den 50er Jahren bis zum Jahre 2017 eingehender abbildet.

# 1917–1932: Gründung, Aufbau und Entwicklung vom Kaiserreich bis zum Ende der Weimarer Republik

Vor dem Hintergrund des 1917 andauernden Krieges mit Millionen Kriegstoten und des Massenschicksals der über 700.000 Schwerverwundeten und Kranken, die zwischen 1914 und 1918 als dienstunfähig aus dem Militärdienst entlassen wurden, gründete sich auf Initiative des „Vorwärts“-Redakteurs Erich Kuttner und 31 weiterer Teilnehmer die neue Organisation auf einer Versammlung in Berlin am 23. Mai 1917 unter dem Namen „Bund der Kriegsteilnehmer und Kriegsbeschädigten“.

Der aus dem linken politischen Spektrum stammende Personenkreis um Erich Kuttner, Erich Roßmann, Friedrich Stampfer, Albert Baumeister, Ernst Heilmann und Richard Heckmann analysierte die soziale Lage aller vom Krieg Betroffenen sehr schnell und präzise als höchst prekär. Die mangelnde, nicht reichsweit geregelte und sich an den Vorkriegszeiten orientierende Militärversorgungsgesetzgebung offenbarte gravierende Missstände in der staatlichen Fürsorge.

Die vielen Hunderttausenden Kriegsbeschädigten und Hinterbliebenen, die keine oder nur sehr wenig Rente bezogen, die sich durch gesamtgesellschaftliche Streitfragen abzeichnende Spaltung der politischen Arbeiterbewegung, der katastrophale Steckrübenwinter 1916/17, die sich abzeichnende Inflation sowie die Einsicht, dass unter dem noch geltenden Dreiklassenwahlrecht in Preußen nur wenig direkter politischer Einfluss möglich war, bestärkten die Gründungsväter außerdem in ihrem festen Willen, die eigene wirtschaftliche und politische Interessenvertretung nicht an die damals existierenden Fürsorgegruppen, Gewerkschaften und Parteien zu übertragen.

Ziel aller Gründungsteilnehmer war es, eine unabhängige Interessenvertretung der Kriegsbeschädigten und Kriegsteilnehmer zu schaffen, um deren reale, tägliche Existenzsorgen zu lindern. Diejenigen, die die Erfahrung des Krieges am eigenen Leib hatten durchmachen müssen, sollten nun auch für ihre eigenen Rechte einstehen können. Die Gruppe um Kuttner skizzierte mit ihren Forderungen schon früh eine Art sozial- und allgemeinpolitisches Programm, das die parteipolitische Neutralität voranstellte, sich aber nicht nur für die staatlichen Rentenempfänger, sondern auch für alle Kriegsbeschädigten einsetzen wollte. Vor allem strebte es die gesetzliche

Neuregelung des gesamten Militärrentenwesens und eine verbesserte Stellung der Kriegsbeschädigten im gesamten Wirtschaftsleben an. Schon in seiner Gründungssatzung forderte der Reichsbund eine Reform des Militärrentenwesens unter Mitwirkung der Betroffenen, den Schutz der Beschädigten am Arbeitsplatz, den Schutz vor unzureichender Entlohnung, den Einstellungszwang sowie eine reichsgesetzliche Arbeitslosenunterstützung.

Weitere Ziele waren die rechtliche Anerkennung des Anspruchs auf Entschädigung, die Bemessung der Renten nach den Kosten der Lebenshaltung und dem Grad der erlittenen Gesundheitsbeschädigungen sowie die Pflichtbeschäftigung in öffentlichen und privaten Betrieben.

Ende 1917 war der Reichsbund eine unter etwa einem halben Dutzend Vereinigungen von Kriegsteilnehmern und -beschädigten, die sich zum Ziel gesetzt hatten, diesen Personenkreis reichsweit zu vertreten und zu organisieren. Dabei hatten die alten Kriegervereine zwar oft behördliche Unterstützung, schienen aber für viele Heimkehrer aufgrund ihrer Nähe zum alten, militaristischen Regime nicht mehr interessant. Dass die Gründung des Reichsbundes keine einfache Angelegenheit war, belegen die ständigen Auseinandersetzungen mit den Behörden und dem Militär, das zeitweise sogar eine Zensur der Veröffentlichungen und ein Mitgliederwerbeverbot erließ und später sogar ein Betätigungsverbot gegen Kuttner aussprach, das bis zur Novemberrevolution in Kraft blieb.

In der öffentlichen Auseinandersetzung mit den alten Kräften konnte sich der neue Verband trotzdem immer mehr als friedliebende, parteipolitisch neutrale und sozialpolitisch moderne Interessenvertretung der Kriegsopfer profilieren, die sich aktiv in vielen Versammlungen, Eingaben und Broschüren für alle Belange der Fürsorge für alle Kriegsopfer einsetzte. Der Verband, dessen Gedankenwelt und Ziele schon früh auf die Errichtung eines demokratischen, sozialen Rechtsstaates ausgerichtet waren, nahm mehr und mehr Mitglieder auf und verzeichnete reichsweit Anfang April 1918 schon zirka 25.000 Mitglieder in 300 Ortsgruppen.

*Mit dem Gedanken für einen demokratischen und sozialen Rechtsstaat verzeichnete der Verband bereits 1918 mehr als 25.000 Mitglieder reichsweit*

Insgesamt kann für diese Frühphase des Reichsbundes festgehalten werden, dass der Verband als Fürsprecher und vertrauenswürdige Interessenvertretung an Profil gewann – und dies gerade in der direkten Nachkriegszeit, in der die Suche nach Gründen für die Kriegsniederlage, das Suchen nach Schuldigen, die Angst um die

Zukunft auf allen Seiten, der Schmerz über die erlittenen Verluste und insgesamt die tiefen gesellschaftlichen Veränderungen zu enormen Spannungen innerhalb der Gesellschaft führten. Obwohl die Organisation weiterhin unter Beobachtung der Behörden stand, zeigte es sich, dass die Forderungen des Reichsbundes immer mehr Gehör bei den Kriegsbeschädigten fanden, die vielfach Orientierung und Hilfe im Alltag suchten. Unter dem neuen Führungsduo Richard Heckmann als 1. Bundesvorsitzenden und Erich Roßmann als Bundessekretär waren beim Ausbruch der Revolution zirka 50.000 Kriegsopfer im Reichsbund organisiert.

Auf sozialpolitischem Gebiet erreichte der Reichsbund im August 1918 zum ersten Mal, dass er im Kriegsbeschädigtenausschuss vertreten war und somit direkt politischen Einfluss nehmen konnte. Doch obwohl der Reichsbund nun immer häufiger als Gesprächspartner und zentraler Verhandlungspartner seitens der neuen Staatsführung akzeptiert wurde, kam es infolge des politischen und ökonomischen Zusammenbruchs wie auch durch das Fortbestehen der alten Verwaltungsstrukturen im Reich nicht zu schnellen und umfassenden Gesetzesänderungen, was zu enormen Enttäuschungen bei den Kriegsbeschädigten führte.

Trotzdem erhöhte sich bis Jahresende 1918 die Anzahl der Mitglieder im Zuge der Revolution und der Abnahme behördlicher Einschränkungen auf 100.000 Personen in 750 Ortsgruppen. Ab November kam es auch zu ersten lokalen Zusammenschlüssen von Invalidenrentnern nach dem Vorbild der Kriegsopferbewegung. Der Zentralverband der Arbeitsinvaliden und Witwen Deutschlands wurde 1920 unter dem Vorsitzenden August Karsten als eigene Interessenvertretung gegründet, um ebenso wie beim Reichsbund die wirtschaftlichen und sozialen Angelegenheiten der „Arbeitsinvaliden“ (dies waren damals die Altersrentner der Arbeiterrentenversicherung sowie die durch Arbeitsunfälle und Berufskrankheiten zu Schaden gekommenen Arbeitnehmer) selbst in die Hände zu nehmen.

Die im Zentralverband vertretenen Personengruppen als Empfänger definierter Geldleistungen und ihre Hinterbliebenen hatten in dieser Zeit dieselben Sorgen wie die Kriegsbeschädigten. Die permanenten Teuerungen zehrten ihre Renten auf, und deshalb entschloss man sich angesichts der ähnlichen Probleme zu einer Zusammenarbeit. Insbesondere auf dem Gebiet der Rehabilitation und der Unfallversicherung arbeiteten sowohl die Verbandsspitzen als auch die Ortsgruppen eng zusammen. Der Zentralverband wurde 1933 in die Deutsche Arbeitsfront eingegliedert und ging nach dem Zweiten Weltkrieg im Reichsbund auf. Er gilt als wichtige Gründungsorganisation des heutigen Sozialverbandes.

Der Zeitraum zwischen 1919 und 1921/22 lässt sich als Phase der inneren Konsolidierung, des Wachstums und ansteigender Erfolge auf dem sozialpolitischen Sektor beschreiben, gleichwohl spiegelten sich die Zerwürfnisse und tiefer werdenden Risse in der Gesellschaft immer auch im Verband wider, so z. B. als sich im Februar 1919 der (kommunistische) Internationale Bund der Opfer des Krieges vom Reichsbund abspaltete.

Insgesamt aber wuchsen die Mitgliederzahlen stetig auf zirka 500.000, und es wurde zudem eine Neufassung der Satzung unter ausdrücklicher Einbeziehung der Frauen, Kriegswitwen, Kriegswaisen und Kriegseltern erarbeitet. Der Verband, der sich nach der Bildung der neuen Nationalversammlung offensiv und vehement zur Weimarer Republik und zum demokratischen Rechtsstaat bekannte, wurde unter Erich Roßmann und Richard Maroke in „Reichsbund der Kriegsbeschädigten, Kriegsteilnehmer und Kriegerhinterbliebenen“ umbenannt. Durch das Verhandlungsgeschick der führenden Mitglieder sowie durch die hohen Mitgliederzahlen unterstützt, trat am 1. März 1919 die Neuregelung des Militärversorgungsverfahrens in Kraft. Somit gab es wieder einen geordneten Rechtsweg für die Kriegsopfer, die gesamte Thematik wurde auf eine reichsgesetzliche Grundlage gehoben, und die Mitglieder des Reichsbundes wurden zudem als ehrenamtliche Richter an den Entscheidungsfindungen beteiligt.

Aus den Ortsgruppen heraus entstanden reichsweit eine Reihe von Baugenossenschaften, die vom Referat „Siedlungswesen“ des Bundesvorstandes in allen Fragen des Bauens und Siedelns unterstützt wurden. Bis Ende der 20er Jahre wurden über 1.750 Wohnungen für die Mitglieder fertig gestellt. Bezahlbaren und gesunden Wohnraum gerade in den städtischen Ballungsgebieten zu schaffen, wurde so zu einem wichtigen Element der Verbandsarbeit.

In der Folgezeit unterstützte der Reichsbund viele bedeutsame Schritte hin zu einem modernen Sozialstaat, als er drei wegweisende Neuregelungen mit initiierte, die in ihrer modernen Form bis heute weiterwirken:

So gilt die Verordnung zur Beschäftigung Schwerbeschädigter vom 9. Januar 1919 als Wurzel des Schwerbehindertengesetzes, die Verordnung über die Neuregelung des Militärversorgungsverfahrens vom 1. Februar 1919 als Keimzelle der Sozialgerichtsbarkeit, die eine gerichtliche Nachprüfung staatlicher Sozialleistungen ermöglichte, und drittens war es die Verordnung über die soziale Kriegsbeschädigten- und Kriegshinterbliebenenfürsorge vom 8. Februar 1919, die den Grundstein für die moderne, auf Rechtsansprüchen basierende Sozialhilfe legte. Trotzdem änderte sich an den Kernproblemen nicht viel. Erst am 28. April 1920 verabschiedete die Nationalversammlung das neue Reichsversorgungsgesetz, das zwar aus Sicht des Reichsbundes ein paar seiner Grundforderungen umsetzte und wesentliche Mängel des alten Rechts beseitigte, aber das Leistungsniveau blieb für die Betroffenen sehr bescheiden. Die Verbände forderten von der Reichsregierung eine Erhöhung der Versorgungsrenten, weil selbst die Vollrenten das Existenzminimum mit zunehmender Inflation nicht mehr sicherstellten.

Zwar stiegen die Mitgliederzahlen 1922 beim Reichsbund noch auf zirka 830.000 und beim Zentralverband auf ungefähr 120.000 Mitglieder, aber die „galoppierende" Inflation entwickelte sich zum prägenden Element dieser unruhigen Zeit, in der die neue Republik um ihre Konsolidierung und ihr Fortbestehen kämpfte; die Inflation bestimmte fortan das Schicksal beider Verbände maßgeblich.

Im Zuge der gesamtwirtschaftlichen Engpässe wurde es immer schwieriger, sozialpolitische Forderungen durchzusetzen. Beide Organisationen versuchten noch ihr Bestes, um die sozialen Verhältnisse ihrer Mitglieder zu verbessern, aber 1922 waren von den 1,4 Millionen Kriegsbeschädigten lediglich ein knappes Drittel und von den 2,4 Millionen Hinterbliebenen erst die Hälfte vom neuen Reichsversorgungsgesetz anerkannt. Im Kern ging es bei Verhandlungen mit den Behörden nur noch darum, die gravierendsten Härtefälle abzumildern. Es kam zwar seitens der Regierung immer wieder zu Anpassungen der Kriegsopferrenten oder z. B. zur Gewährung von Zulagen zur Unfallversicherung – insgesamt blieben aber alle staatlichen Leistungen immer schneller hinter der Inflationsrate zurück. Die Notlage der Betroffenen verschärfte sich zunehmend. Die Abwertung der Reichsmark gegenüber dem US-Dollar erreichte ihren negativen Höhepunkt schließlich im November 1923, als der Kurs für 1 US-Dollar 4,2 Billionen Reichsmark entsprach. Der Monatsbeitrag, den der Reichsbund erhob, erhöhte sich über das Jahr 1923 von 100 Reichsmark im Januar auf 250 Milliarden Reichsmark am 15. November. In ähnlichen Verhältnissen entwickelte sich die Geldentwertung bei allen Geldvermögensbesitzern, die Arbeitslosigkeit stieg im Sommer auf zirka fünf Millionen, und die Reallöhne lösten sich quasi in nichts auf.

*Inflationsbedingte Einnahmeausfälle in dieser Wirtschaftskrise wurden eine Bedrohung für den Reichsbund*

Es lag nahe, dass diese Wirtschaftskrise auch zu einer Bedrohung beider Verbände wurde. Da sie aufgrund ihres erst kurzen Bestehens über so gut wie keine Sachwerte verfügten und die Mitglieder ihre Beiträge nicht mehr zahlen konnten, führten die inflationsbedingten Einnahmeausfälle zu rigorosen Sparmaßnahmen wie z. B. der Einstellung der Mitgliederzeitungen, der Nichtbezahlung des hauptamtlichen Personals und damit auch zum fast vollständigen zum Erliegen der Dienstleistungstätigkeit. Das Verbandsleben kam zum Stillstand. Erst mit der Einführung der

„Rentenmark“ kehrte Deutschland am 15. November 1923 zu einer stabilen Währung zurück und schaffte es, die Kaufkraft auf niedrigem Niveau zu stabilisieren. Vor diesem gesamtwirtschaftlichen Hintergrund erklärt sich auch der Rückgang der Mitgliederzahlen. Der Reichsbund verlor bis Januar 1924 fast drei Viertel seiner Mitglieder.

*Stabile Währung durch Einführung der „Rentenmark“*

Allerdings erfolgte nun ein schneller und stetiger Wiederaufbau beider Organisationen. Sofort nach Beendigung der Krise nahmen die Verbände ihre Arbeit auf den sozialpolitischen Themenfeldern Invalidenrente und Schwerbeschädigtenversorgung wieder auf. Es ging wie vor der Wirtschafts- und Gesellschaftskrise um Entlassungsschutz für Schwerbeschädigte, Arbeitsschutz, unzureichende Rentenleistungen, Armenpflege, Erholungsfürsorge und Wohnungsbau. Der Reichsbund war zu diesem Zeitpunkt ein nicht rechtskräftiger Verein, weshalb für die geplante Bautätigkeit und für die Vermögensverwaltung des Reichsbundes eine eigene, 1925 in „Gemeinnützige Reichsbund Kriegersiedlung GmbH“ umbenannte Firma gegründet wurde. Außerdem wurden trotz der schwer zu kalkulierenden finanziellen Risiken in beiden Verbänden Sterbekassen installiert: im Reichsbund obligatorisch ab 1925 für alle Mitglieder, im Zentralverband ab Januar 1927 auf freiwilliger Basis.

Im Dezember 1924 veröffentlichte der Bundesvorstand die Broschüre „Frauenarbeit und Schutz der Kriegerwitwen im Erwerbsleben“ und dokumentierte damit seinen Anspruch, auch die Lage der Frauen zu verbessern und den weiterhin vorherrschenden Geschlechterverhältnissen emanzipatorische Ansätze entgegenzustellen. Spätestens seit Mitte der 20er Jahre waren Frauen an maßgeblichen Stellen in den Reichsbund integriert: So war z. B. Martha Harnoß von 1924 bis 1933 im Bundesvorstand hauptamtlich für die Frauenarbeit zuständig, und mit Helene Stranz (spätere Hurwitz-Stranz) wurde eine der ersten Frauen als Sachverständige zur ehrenamtlichen Richterin am Reichsversorgungsgericht berufen. Im Zentralverband allerdings hat zwischen 1920 und 1933 keine Frau dem Vorstand angehört.

Gerade vor den weiter aufkeimenden politischen Auseinandersetzungen bekannte sich der Reichsbund offen zur neuen demokratisch-republikanischen Staatsform, demonstrierte seine politische Neutralität und geriet so vielfach wieder in den Fokus staatlicher Beobachtung. Insbesondere zwischen Reichsbund und Reichswehr kam es infolge einiger Differenzen über die Frage, ob der Reichsbund eine politische Vereinigung sei oder nicht, zu Sanktionen. So wurde auf Erlass des Reichswehrministers der Reichsbund als „politischer Verein“ eingestuft, was ganz konkret bedeutete, dass Angehörige der Reichswehr dem Reichsbund nicht mehr beitreten durften. Der Reichsbund wurde somit mehr und mehr Teil der politischen Auseinandersetzungen zwischen republiktreuen und die Republik bekämpfenden Kräften.

Der Zentralverband mit seinen nunmehr 147.000 Mitgliedern gründete 1926 unter den beiden Vorsitzenden August Karsten und Max Matthes nach dem Vorbild des Reichsbundes eine eigene Vermögensverwaltung, um rechtskräftige Geschäfte abschließen zu können, und erwarb anschließend ein eigenes Haus in Berlin, Kaiser-Friedrich-Straße 9. Der Reichsbund beendete das Jahr mit 324.500 Mitgliedern und schuf mit dem Kauf des Erholungsheimes Christlessee einen Ort der Erholung für seine Mitglieder, der sich bis 1933 großen Zuspruchs erfreute.

Vor dem Hintergrund eines von Personalabbau, Kurzarbeit und Arbeitslosigkeit geprägten Arbeitsmarktes war das Jahr 1926 gekennzeichnet durch beständige Anstrengungen um Verbesserungen, z. B. bei den Heilbehandlungen, den Lebenshaltungskosten, der allgemeinen Aufbesserung der Rentenleistungen oder der Kinderzulage. Kriegsbeschädigte allerdings verloren häufig Ihre Arbeit, und insgesamt war selbst in der Blütezeit der Weimarer Republik ein erheblicher Teil der Bevölkerung durch Arbeitslosigkeit und Kurzarbeit von Erwerbseinschränkungen betroffen. Nach dem Chronisten des Verbandes war der Zeitraum zwischen 1924 und 1929 für den Teil der Bevölkerung, der auf Sozialleistungen angewiesen war, keine „goldenen Jahre". Die Verwaltung des Kaiserreichs und damit auch die wilhelminischen Maßstäbe waren in der Weimarer Republik weitgehend bis in die Rechtsprechung erhalten geblieben und galten einfach weiter.

Mit dem „Gesetz über Arbeitsvermittlung und Arbeitslosenversicherung" vom 16. Juli 1927 wurde aber ein elementarer sozialpolitischer Fortschritt erzielt, auf den beide Organisationen lange hingearbeitet hatten. Erst 1969 wurde es durch ein moderneres Arbeitsförderungsgesetz abgelöst.

## *Spezialgebiet Sozialgesetzgebung und öffentliches Engagement*

Die ganze Bedeutung der Verbandsarbeit im Hinblick darauf, die Gesetze und Regelungen im Sinne der Betroffenen zu beeinflussen und zu gestalten, wird an solchen Punkten erst wirklich deutlich. Es waren und sind gerade diese jahrelangen detaillierten Vorarbeiten, das vielfache Wirken und Mitwirken auf den spezialisierten Gebieten der Sozialgesetzgebung, aber auch das öffentliche Engagement, die die wahre Bedeutung beider Verbände und der in ihnen handelnden Personen ausmachen.

1927/28 wurden durch Beteiligung des Reichsbundes deutliche Verbesserungen in der Kriegsopferversorgung und in der Rentenversicherung erreicht, und aufgrund der intensiven Zusammenarbeit mit dem Zentralverband wurden erste Ideen zu einer Vereinigung entworfen. Im Innern stärkte der Reichsbund seine GmbH durch eine Verfünffachung des Stammkapitals.

Wie sehr der Reichsbund auch international auf Aussöhnung und Verständigung ausgerichtet war, zeigte sich auf dem Reichsbundestag 1927, als acht ausländische Partnerverbände – auch drei aus Frankreich – an den Feierlichkeiten zum zehnjährigen Bestehen teilnahmen. Auf vielen Konferenzen der CIAMAC (zu Deutsch: Internationale Arbeitsgemeinschaft der Verbände der Kriegsopfer und Kriegsteilnehmer) versuchten beide Verbände darüber hinaus, den in Deutschland geltenden Gesetzen und Regelungen auch international zu Geltung und Anwendung zu verhelfen. Unter der Überschrift „Unsere Stellung zur Staatsform und zum Frieden" legte der Reichsbund 1927 unter seinen führenden Köpfen Richard Maroke, Christoph Pfändner und Erich Roßmann zu seinem zehnjährigen Bestehen ein beeindruckendes Bekenntnis zur Weimarer Republik, zur Völkerverständigung und zur Wahrung des Friedens in Europa ab. In Person Erich Roßmanns bewies der Reichsbund schon 1928 europäischen Weitblick, als er sich auf der 4. Jahresversammlung der CIAMAC besonders für die deutsch-französische Aussöhnung und die Zusammenarbeit zwischen beiden Ländern als fundamentale Voraussetzung für ein friedliches Europa einsetzte.

Kurz bevor das Land und die Gesellschaft mit der nächsten weltweiten Wirtschaftskrise konfrontiert wurden, setzte sich der mittlerweile auf 325.000 Mitglieder angewachsene Zentralverband mit großem Elan für die Republik ein. Schon sehr früh schien hier das Bewusstsein für die innergesellschaftlichen Gefahren vorhanden zu sein, die am politischen Horizont aufzogen, denn der Verband forderte eine „energischere Haltung gegenüber den offenen und versteckten Feinden der Republik in den Amtsstuben und im öffentlichen Leben".

Weltwirtschaftskrise – das hieß in der Konsequenz des Schwarzen Freitags 1929 Abzug amerikanischen Kapitals aus Europa, Einschränkungen im internationalen Handel, Schutzzölle und ab 1931 schließlich Bankenkrise, Zusammenbruch der Großbanken und in Deutschland ein Anstieg der Arbeitslosenzahl bis Anfang 1932 auf sechs Millionen. Für die junge, 1927 eingeführte Arbeitslosenversicherung bedeutete dies den Kollaps, da sie für solche Zahlen nicht ausgelegt war. Die Entwicklung mündete in einer massenhaften Verarmung und führte zu immer brisanter werdenden zwischenparteilichen Auseinandersetzungen über den Umgang mit dem Versailler Friedensvertrag.

Vielleicht ist es neben seinem sozialpolitischen Engagement das größte Verdienst des Reichsbundes, in dieser Situation abermals seine Treue zur Demokratie demonstriert zu haben, indem er sich öffentlich für eine friedliche Verständigung mit den ehemaligen Kriegsgegnern und gegen die Gesetzesentwürfe und Volksbegehren der politischen Rechten aussprach. Allerdings – bei allem nachdrücklichen Insistieren – verhindern konnte auch der Reichsbund nicht, dass die NSDAP über den „Reichsausschuss" Zugang zu den legalen politischen Gremien der Weimarer Republik erhielt.

Als am 27. März 1930 die Regierung unter SPD-Reichskanzler Hermann Müller zurücktrat und die bürgerlich-konservative Koalition unter Heinrich Brüning die Regierung übernahm, verminderten sich zunehmend der politische Einfluss und der Gestaltungsrahmen von Reichsbund und Zentralverband. In den Jahren zwischen 1930 und 1933 kam es zu einer Vielzahl von Notverordnungen, Gesetzesaufhebungen im Reichstag und Reichstagsauflösungen, in deren Folge das gelähmte parlamentarische System keine Mehrheiten mehr zustande brachte und die radikalen antiparlamentarischen Kräfte von links und vor allem von rechts in dieses Vakuum eindrangen.

Für diese Jahre muss festgestellt werden, dass die beiden Verbände zwar noch mittels Demonstrationen, Eingaben an Reichspräsident und Reichstag und über die Not der Kriegsopfer informierender Broschüren und sogar Filmen ihr Möglichstes taten, um den Sozialabbau zu verhindern. Die Kürzungsmaßnahmen infolge der Notverordnungen in der Kriegsopfer- wie auch in der Invalidenversorgung gingen aber weiter, so dass sich der Reichsbund genötigt sah, diese offen als „Hungerverordnungen" und als „Diktaturermächtigung zum Sozialabbau" zu bezeichnen.

## *Vor den Auswirkungen der NSDAP wurde gewarnt*

Ab Herbst 1930 rückte neben dem Kampf gegen den Sozialabbau der Kampf gegen den Nationalsozialismus immer stärker in den Fokus der Verbandsarbeit von Reichsbund und Zentralverband. In beiden Verbandszeitungen wurde vor den Auswirkungen gewarnt, die von der NSDAP ausgingen: Es wurde weitsichtig darauf hingewiesen, dass die Verbände aufgelöst und nahezu alle erreichten Verbesserungen in der Sozialpolitik wieder annuliert würden. Beide Verbände gaben sogar ihre satzungsmäßige Verpflichtung zur politischen Neutralität auf und riefen in ihren Publikationen noch bei den Reichstagswahlen dezidiert dazu auf, Hitler und die NSDAP nicht zu wählen. Beide Verbände unterstützten bei den Reichspräsidentenwahlen die Wiederwahl Hindenburgs. Bei den Reichstagswahlen am 31. Juli 1932 allerdings konnten auch die vielen Aufforderungen der beiden Verbände gegen die NSDAP nicht verhindern, dass diese erstmals stärkste Partei im Reichstag wurde.

# 1933: Erhobenen Hauptes – Selbstauflösung im Angesicht der drohenden Gleichschaltung

Mit der Ernennung von Adolf Hitler zum Reichskanzler und durch die rigide Umsetzung einer Reihe von Verordnungen wurden die Grundrechte der Weimarer Verfassung quasi außer Kraft gesetzt. Im Frühjahr 1933 gab es noch ein paar direkt an die neue Staatsführung adressierte Versuche, auf die eigene Loyalität, parteipolitische Neutralität, Verfassungstreue und vor allem auf die jahrelange Arbeit für die Kriegsopfer hinzuweisen, um so einer Zwangsauflösung zu entgehen – aber im Ergebnis wurde allen Verantwortlichen sehr schnell klar, dass die Entwicklung auch in der Kriegsopferfürsorge auf eine Gleichschaltung unter der Führung der NSDAP hinauslaufen würde.

Die neue politische Führung übte systematischen Druck auf den Reichsbund aus, sich aufzulösen und der neuen NS-Organisation anzuschließen. Im Ministerium des Innern wurde ein Kommissar eingesetzt, der den Bundesvorstand ersetzen sollte. Die NSDAP schreckte auch vor Gewalt, Verhaftungen und Festsetzung von Funktionären in den Landesverbänden nicht zurück – bei der „Abwicklung" des Reichsbundes und der Übertragung der Vermögen an die NSKOV (Nationalsozialistische Kriegsopferversorgung e. V.) setzte man aber auf „Verhandlungen" und einen notariell begleiteten Übertragungsprozess, der den ehemalig Verantwortlichen vermeintlich noch einen freiwilligen Gestaltungsrahmen einräumte.

Die Abwicklung und Übertragung auf die NSKOV wurde durch den Bundesvorstand unter dem Vorsitz Christoph Pfändners (mit Johannes Noa als Vertreter sowie Bundeskassierer Otto Schütze) durchgeführt, wobei dieser besonderes Augenmerk darauf verwendete, „die Ansprüche der Mitglieder auf das Vermögen des Bundes zu wahren". Die Ansprüche der Mitglieder auf Sterbegeld aus der Sterbekasse sollten erhalten bleiben, ebenso die Beitragsanteile. Jüdische Mitglieder wurden nicht in den NS-Reichsverband aufgenommen. Die Überführung des Reichsbund-Vermögens beinhaltete auch die Siedlungs- und Verwaltungsgrundstücke. Will man die Vorgänge des Jahres 1933 werten, so muss man den Mut und die Zähigkeit würdigen, mit der die führenden Reichsbund-Funktionäre den Reichsbund und sein Vermögen verteidigten, obwohl ihnen das hohe persönliche Risiko, das sie eingingen, bewusst sein musste.

Unter dem Zwang der politischen Verhältnisse und dem Eindruck der Beschlagnahmung des gesamten Reichsbund-Vermögens überließ es der Bundesvorstand den einzelnen Mitgliedern, ob sie zur Wahrung ihrer Interessen und Einlagen der nationalsozialistischen Einheitsorganisation NSKOV beitreten wollten.

Nach dem Auflösungsbeschluss vom 29. April 1933, der Übertragung des Reichsbund-Vermögens und der Eingliederung in die NSKOV war der Reichsbund mit Wirkung vom 31. Mai 1933 als jahrelang unabhängige, selbstständige Interessenvertretung der Kriegsopfer aufgelöst und zerschlagen worden.

*Unabhängigkeit und Selbstständigkeit durch Auflösungsbeschluss zerschlagen*

War die Auflösung und Zerschlagung des Reichsbundes als Kriegsopferorganisation noch einigermaßen gemäßigt abgelaufen, so erfolgte die Übernahme des Zentralverbandes der Arbeitsinvaliden und Witwen Deutschlands ungleich gewaltsamer.

Bereits für 1931/32 dokumentierte die Deutsche Invaliden-Zeitung gewalttätige Übergriffe von NS-Sympathisanten, SS und SA auf Versammlungen des Zentralverbandes, der seit Erstarken der NSDAP sehr deutlich und öffentlich in Wahlaufrufen und Flugblättern gegen diese Stellung bezog. Auch nach den Reichstagswahlen vom 5. März versuchte der Zentralverband unter dem Vorsitz von August Karsten zunächst noch, die Interessenvertretung der Arbeitsinvaliden aufrechtzuerhalten und dabei so wenig Eskalation wie möglich mit den neuen Machthabern aufkommen zu lassen. Trotzdem geriet der Verband bereits Ende März in den Fokus der NSDAP-Gauleitung unter Joseph Goebbels, es kam zu Hausdurchsuchungen, Mitarbeitsverboten für Mitglieder in Wohlfahrts- und Beschwerdeausschüssen und dem Verbot von Ortsgruppen.

Die hauptamtlichen Mitglieder des Verbandsvorstandes wurden durch Gewaltandrohung zur Aufgabe ihrer Ämter, zur Ablieferung der Kassenbücher, Barbeträge und Bankbücher gezwungen. Letztlich bedeutete dies die Gleichschaltung und Aufnahme in die NSBO (Nationalsozialistische Betriebszellenorganisation), eine NS-Konkurrenzorganisation zu den Gewerkschaften, die später in die Deutsche Arbeitsfront eingegliedert wurde. Als demokratische Interessenvertretung der Sozialrentner hatte der Zentralverband am 2. Mai 1933 aufgehört zu bestehen.

# 1933 – 1945: Die Geschichte der NSKOV (Exkurs)

Zwischen 1933 und 1945 versuchten die neuen Machthaber, alle Kriegsopferverbände in der von „Reichskriegsopferführer" Hanns Oberlindober geleiteten NSKOV zusammenzufassen. Leider gibt es kaum Quellen, und die meisten Akten sind verschollen. Festzuhalten ist aber, dass es sich bei dieser dunklen Epoche nicht um die Geschichte des Sozialverbands Deutschland handelt. Aber es waren nach 1945 doch Anknüpfungspunkte vorhanden, z. B. bei der Frage nach der Rückführung der Sterbegeldkassen und der Mitgliedsbeiträge.

Es handelte sich bei der NSKOV um ein Instrument der NSDAP zur „Gleichschaltung", das als Propagandawerkzeug nach innen und nach außen eingesetzt wurde. Fakt war jedoch, dass die NSDAP gar nicht alle Positionen mit eigenen, linientreuen Leuten besetzen konnte – weshalb auch beim Reichsbund, gerade in den Ortsgruppen, die alten Vorstände zunächst oft im Amt blieben und versuchten, die Arbeit fortzusetzen und für ihre Mitglieder weiterhin praktische Arbeit vor Ort zu leisten.

Zunächst waren die NSDAP-Mitglieder in der neuen Großorganisation NSKOV in der Minderheit – aber es wurde aktiv indoktriniert, Hitler als Kriegsveteran und als Frontsoldat dargestellt und so versucht, die Kriegsopfer für die NSDAP zu instrumentalisieren. Viel wichtiger als die propagandistische Vereinnahmung war aber die administrative. Es wurde per Gesetz verfügt, dass nur noch die NSKOV dazu berechtigt war, die Kriegsopfer zu vertreten – seitens der Behörden wurde massiv Druck auf die Kriegsopfer ausgeübt, der NSKOV beizutreten. Versorgung und Fürsorge traten dabei immer mehr in den Hintergrund, und es kam unter anderem mit der Gründung von Gewehr- und Schießgruppen zu einer schleichenden Militarisierung.

International wurde die Zusammenarbeit des Reichsbundes mit der CIAMAC nicht fortgesetzt – offiziell versuchte man aber, die friedenspolitische, internationale Arbeit auszunutzen, um den ehemaligen Gegnern ein authentisches Bild der Friedfertigkeit der Nationalsozialisten zu suggerieren.

Im Bereich der Betreuungsarbeit und Selbsthilfe stützte sich die NSKOV auf die Vorarbeit des Reichsbundes, das Erholungsheim Christlessee wurde übernommen, und die NSKOV baute auch bis 1939 zirka 10.000 Wohnungen. Nach eigenen Angaben schuf die NSKOV angeblich, z. B. in neuen Staatsbetrieben, bis zu 400.000 neue Stellen. Die Richtlinien des Schwerbeschädigtengesetzes wurden eingehalten, und z. B. mit Spendensammlungen für das Winterhilfswerk wurde der Eindruck fortwährender sozialer Arbeit erweckt.

Aber: Gerade seit Kriegsbeginn beherrschten Propaganda und Instrumentalisierung zunehmend die Arbeit der NSKOV – wie perfide dies vonstattenging, erkennt man z. B. daran, dass Kriegerwitwen des Ersten Weltkriegs ganz gezielt dazu angehalten wurden, im Namen der NSKOV für die jungen Frauen da zu sein, die ihre Männer ab 1939 im Krieg verloren. Ab 1943 kam es immer mehr zur Übernahme kriegswichtiger Aufgaben wie „Landwacht“ oder „Heimatflak“ und zur Einstellung kriegsunwichtiger Tätigkeiten wie der Kriegsopferversorgung. De facto stellte die NSKOV die Versorgung der Kriegsopfer im Oktober 1944 ein.

Will man ein Fazit zur Sozialpolitik der NSKOV ziehen, so muss man konstatieren, dass keine Leistungsverbesserung stattfand, sondern alle Tätigkeiten der Ideologie untergeordnet waren und die Umstrukturierung im Sinne des NS-Staates im Vordergrund stand. Zwar setzte die NSKOV z. B. eine Frontzulage für im Kampf verwundete Soldaten durch – damit schloss sie aber wieder den Kreis zum Kaiserreich, wo der Kämpfer bevorzugt und alle anderen Opfer benachteiligt wurden. Allgemein lässt sich sagen, dass zwar die praktische Arbeit in der NSKOV Vorrang hatte und der Zwang relativ milde ausgeübt wurde, dass diese Organisation aber auch überwiegend der Indoktrinierung und der Militarisierung der Gesellschaft diente und keine echte Interessenvertretung der Kriegsopfer war.

# 1945 – 1948: Die Neugründung in der Epoche der Besetzung und Spaltung Deutschlands

Die Vorzeichen für eine Neugründung der Organisation waren nach dem Krieg verständlicherweise nicht die besten. Deutschland hatte bedingungslos kapituliert und war in vier Besatzungszonen aufgeteilt, in denen die Siegermächte die Regierungsgewalt übernommen hatten. Die auf der Potsdamer Konferenz beschlossene Entmilitarisierung, Entnazifizierung und Demokratisierung hatten für die Siegermächte oberste Priorität. Die allgemeine gesellschaftliche und wirtschaftliche Lage war gekennzeichnet von Millionen Kriegsflüchtlingen und Vertriebenen, zerbombten Städten, kaum ausreichendem Wohnraum, einer traumatisierten Bevölkerung und Mangelernährung.

Alles Handeln unterlag der Aufsicht der Besatzungsmächte, und nahezu jeder Versuch, sich zu reorganisieren, musste genehmigt werden. Erst nach und nach formierte sich in den westlichen Besatzungszonen wieder ein einigermaßen geordnetes Verwaltungswesen.

Es wurde in allen vier Besatzungszonen auf Ortsverbandsebene durch Funktionäre von Kriegs- und Zivilbeschädigten versucht, die alten Strukturen wieder mit Leben zu füllen. Allerdings beeinflussten die neuen politischen Strukturen die Neugründung der Organisation maßgeblich.

So räumten z. B. die Amerikaner, ihrer eigenen staatenbundlichen Tradition folgend, den Ländern alle ehemaligen Reichszuständigkeiten, auch auf dem Gebiet der sozialen Sicherung, ein, wohingegen die Briten die Verwaltung ihrer Zone weitgehend selbst in der Hand behalten wollten und sich zu diesem Zweck deutsche Hilfsorgane schufen.

Das Ergebnis waren der Länderrat in der amerikanischen und der Zonenbeirat in der britischen Zone als übergeordnete, vorstaatliche Instanzen, deren Zusammenarbeit sich zwar z. B. in Flüchtlingsfragen zunächst bewährte, deren verfassungspolitische Ansichten aber unvereinbar waren. So war der Zonenbeirat überwiegend auf eine bundesstaatliche Ausgestaltung des verbliebenen deutschen Staatsgebietes ausgerichtet, während der süddeutsche Länderrat eher eine staatenbundliche Regelung anstrebte.

Die Diskussion über die Kernfragen beim Neuaufbau der Organisation ist aus heutiger Sicht vielleicht schwierig nachzuvollziehen, sie betraf aber die Zeitgenossen in elementarer Weise: Hauptsächlich war dies die Frage, wie ein zukünftiger deutscher Staat in sich selbst organisiert sein würde und wie dementsprechend auch ein Sozialverband im Innern strukturiert sein müsste, um sinnvoll und effektiv auf allen Ebenen der Verwaltung und Politik für die Rechte seiner Mitglieder tätig werden zu können.

Die Auseinandersetzung über das Thema „Staatenbund oder Bundesstaat" beherrschte bis zur Gründung der Bundesrepublik die politische Debatte, und der Streit um „Dachorganisation oder zentrale Einheitsorganisation" beeinflusste zwischen 1945 und 1948 elementar die Debatte über die Zusammenarbeit der Sozialverbände beider Zonen – des Reichsbundes einerseits und der föderalistisch organisierten, selbstständigen Landesverbände der Körperbeschädigten, Sozialrentner und Hinterbliebenen aus Bayern, Hessen und Württemberg-Baden andererseits. Die Auseinandersetzungen hinterließen in der Genese der Sozialverbände in Nord und Süd tiefe Spuren.

Obwohl die Alliierten auf der Potsdamer Konferenz einen demokratischen, dezentralen deutschen Staatsaufbau beschlossen hatten, wurde infolge der Besatzungsaufteilung zunächst die Reorganisation der deutschen Verwaltung unkoordiniert nach Vorbild der jeweiligen Besatzungsmacht vollzogen, so dass 1945/46 wegen der unterschiedlichen Haltung der Besatzungsmächte an eine deutschlandweite Organisation nicht zu denken war.

Für die erste Zeit muss man demnach sicherlich von einem Zuständigkeitschaos reden, in dem die Funktionäre nicht wussten, an wen sie sich mit ihren Anliegen zur Neugründung wenden sollten. Es fehlten für eine erfolgreiche Verbandsarbeit überall die gesetzlichen Bestimmungen und Instanzen, und es fehlte die zentrale Lenkungsstelle, da die Ortsgruppen gar keinen Zugang zu den entscheidenden Hauptversorgungsämtern und Hauptfürsorgestellen hatten.

In der britischen Zone z. B. bildeten sich nach Kriegsende ebenfalls erste Orts- und Kreisgruppen, die versuchten, sich wenigstens innerhalb der Zone zu verbinden. Ziel war es, möglichst schnell wieder eine eigene sozialpolitische Interessenvertretung zu etablieren, um z. B. gegen die Sozialversicherungsdirektive Nr. 11 der britischen Militärregierung vom 16. Januar 1946 vorzugehen, die die Versorgungsrenten an Kriegsopfer abschaffte und die Ansprüche aus der Sozialversicherung beschränkte. Ansprüche aus der Rentenversicherung wurden gekürzt bzw. ganz eingestellt, was bei vielen Betroffenen die Notlage noch verschlimmerte.

Vor diesem Hintergrund wurde in Hamburg ab dem 1. März 1946 die Wiedergründung des 1933 aufgelösten Reichsbundes durch den Verbandssekretär der Hansestadt Ernst Born vorbereitet. Auf Initiative des Hamburger Sozialsenators Paul Nevermann wurde dem ehemaligen Senator Paul Neumann gestattet, durch eine Zonenkonferenz aller bereits bestehenden Interessenvertretungen eine einheitliche Organisation der Körperbeschädigten, Sozialrentner und Hinterbliebenen für die britische Zone aufzubauen.

## *Wiedergründung als Initialzündung gewürdigt*

Die Wiedergründung als „Reichsbund der Körperbeschädigten, Sozialrentner und Hinterbliebenen" fand, nachdem die Vorbehalte der Besatzungsmächte gegen Kriegsopferorganisationen ausgeräumt waren, am 29. November 1946 im Phönixsaal des Hamburger Rathauses statt. Adolf Bauer, heutiger Präsident des Sozialverbands Deutschland, würdigte dieses Ereignis als „Initialzündung für den überregionalen zonenweiten Wiederaufbau der Organisation". An der Veranstaltung nahmen zirka 1.000 Kriegsbeschädigte, zivile Körperbehinderte, Sozialrentner und Hinterbliebene teil.

In der Diskussion plädierte der Hamburger Landesverband für eine zentrale Einheitsorganisation, um irgendwann nach dem möglichen Wegfall der Zonengrenzen eine schlagkräftige Organisation aufweisen zu können und dann nicht wieder mit „Stückwerk" beginnen zu müssen. Andere Ortsverbände, wie z. B. der Dortmunder, sprachen sich hingegen für eine Dachorganisation aus. Am Ende kristallisierte sich dann aber doch eine Mehrheit für eine Einheitsorganisation mit Sitz in Hamburg und einem 15-köpfigen Vorstand unter dem ehemaligen Senator Paul Neumann und Ernst Born aus.

Die wichtigsten Forderungen der neu gegründeten Organisation waren: Recht auf Arbeit, ausreichende Rentenversorgung, Heilfürsorge sowie ergänzende Fürsorgemaßnahmen, beschleunigte Beschaffung von Prothesen, Förderung des Siedlungs- und Wohnungswesens, Steuerermäßigungen für Kriegsbeschädigte und Hinterbliebene sowie die Reform des Krüppelfürsorgegesetzes und kulturelle Betreuung aller Hilfsbedürftigen.

Durch die einstimmige Annahme einer Entschließung wurde die Einheitsorganisation aus erfolgreicher Tradition und aus Gründen der Identifikation als „Reichsbund der Körperbeschädigten, Sozialrentner und Hinterbliebenen“ in der britischen Besatzungszone wiedergegründet – allerdings in der amerikanischen sowie der französischen Zone nicht zugelassen.

Die wiedergegründete Organisation bekundete in Person Neumanns explizit ihre parteipolitische und religiöse Neutralität und stellte sich ausdrücklich in den Dienst von Demokratie, Freiheit und Gleichheit.

Die sozialpolitische Verbandsarbeit begann sofort nach der Gründung, und schon Ende des Jahres forderte der Reichsbund ein neues Versorgungsgesetz für die Opfer beider Weltkriege, legte dem Bundestag konkrete Ausarbeitungen vor und hatte damit maßgeblichen Anteil daran, dass im Oktober 1950 das Bundesversorgungsgesetz in Kraft trat. Am 1. Januar 1947 trat die erste Satzung des Reichsbundes in Kraft, und die Verbandszeitung unter dem Namen „Rohrpostbrief“ erschien mit einer Auflage von 6.000 Exemplaren.

Bei den Sozialrentnern gestaltete sich die Neugründung ungleich schwieriger – zwar war auch hier angesichts der allgemeinen Notlage der Wunsch nach einer eigenen Interessenvertretung vorhanden. Die hauptamtlichen Funktionäre waren aber durchweg schon sehr alt, und so kam es nur in sehr wenigen Ballungsgebieten zur Wiederbelebung der Verbandstätigkeit. Eine Ausnahme bildete die Gründung eines Landesverbands in Schleswig-Holstein auf Betreiben von Max Zilske in Kiel, der schon 1945 versuchte, einen Allgemeinen Deutschen Rentnerverband (ADRV) zu gründen und praktische Hilfe wie z. B. Rechtsauskünfte für die Betroffenen anzubieten.

Bereits ab Frühjahr 1946 steuerte Zilske in seiner Verbandsarbeit aber auch darauf hin, Kriegsopfer und Sozialrentner in einer Organisation zusammenzufassen, und zum 1. September 1946 verschmolzen in Schleswig-Holstein Reichsbund und Rentnerverband.

Darüber hinaus versuchte der Landesverband schon seit 1945, Zugriff auf das von der NSKOV beschlagnahmte Vermögen zu bekommen. Zu diesem Zeitpunkt wurde dem aber seitens der Militärregierung nicht stattgegeben.

Vor dem Hintergrund der wirtschaftlichen Vereinigung der britischen und amerikanischen Zone am 1. Januar 1947, der im April 1948 auch die französische Zone beitrat, fand am 29./30. November 1947 in Goslar eine Tagung statt, auf der die Vereinigung aller Kriegsopferverbände der britischen und der amerikanischen Besatzungszonen vorbereitet und dann in einer Abstimmung einstimmig beschlossen wurde. Das Goslarer Programm war das erste sozialpolitische Programm aller

Kriegsopferverbände und orientierte sich mit seinen Forderungen weitgehend an den Beschlüssen der Hamburger Zonenkonferenz.

Allerdings schien der „Beschluss von Goslar" dann doch nicht für alle Aktiven in allen Verbänden bindend zu sein, denn am 9. April 1948 wurden auf einer Sitzung des Bundesvorstandes Stimmen aus den Landesverbänden der amerikanischen Zone laut, die den Vereinigungsbeschluss infrage stellten und von einem Anschluss aller Landesverbände an den Reichsbund wieder abrückten.

Begründet wurde dies mit der noch ungeklärten Frage nach Staatenbund oder Bundesstaat, mit Zweifeln an der Neutralität des Reichsbundes sowie Kritik an der Arbeitsweise des Reichsbund-Bundesvorstandes in Hamburg. Es scheinen darüber hinaus persönliche Interessen, Animositäten, aber auch konkrete unterschiedliche gesellschaftspolitische Ansichten eine nicht unwichtige Rolle gespielt zu haben – im Ergebnis kam es zu einer Spaltung der Organisation, nach der der Reichsbund nur noch in Form der Landesverbände Hamburg, Niedersachsen, Schleswig-Holstein und Bremen bestand.

Der „Bund der Kriegs- und Zivilbeschädigten, Sozialrentner- und Hinterbliebenenverbände Deutschlands" (BKD) wurde dann im September 1948 als Dachorganisation selbstständiger Verbände gegründet und ging später im 1950 gegründeten VdK (Sozialverband VdK Deutschland e. V.) auf. Damit war das Ringen um die organisatorische Einheit der sozialen Bewegung der Kriegsopfer und Sozialrentner wieder nicht erfolgreich.

War die soziale Bewegung der Kriegsopferfürsorge schon vor dem Krieg nicht einheitlich und geprägt von gegensätzlichen politischen Vorstellungen und Weltanschauungen, so kam es auch nun nicht zu einer einheitlichen Interessenorganisation der Kriegsopfer, Behinderten, Sozialrentner und Hinterbliebenen, sondern zu einer geografischen Trennung in Nord (SoVD) und Süd (VdK), die, trotz mehrmaliger Versuche der Vereinigung, bis heute anhält.

Anfang 1949 erschien erstmals die Bundeszeitung „Reichsbund" unter dem Redakteur Max Schümmer, im April pachtete die Reichsbund-Vermögensverwaltungs-GmbH das Erholungsheim Bad Sachsa und am 7. September 1949 überreichte der Reichsbund anlässlich der konstituierenden Sitzung des Deutschen Bundestages den Abgeordneten einen Entwurf für ein Gesetz über die Versorgung der Kriegsopfer und leitete damit die bundesdeutsche Verbandsarbeit des Reichsbundes ein.

# Die 50er Jahre:
# Periode der Gründung, des Wiederaufbaus und der Konsolidierung

Allgemein muss der Zeitraum von der Gründung der Bundesrepublik bis zum Ende der Ära Adenauer als sehr schwierige Periode bezeichnet werden, in der die Verbandsarbeit immer im gesamtpolitischen Dreieck aus Innen-, Außen- und Wirtschaftspolitik stattfand. Alle drei Elemente griffen auf unterschiedlichen Ebenen ineinander und bedingten sich.

Einig über das Ziel, nämlich den Aufbau und die Stabilisierung der Demokratie, waren sich sicherlich alle Akteure der damaligen Zeit – aber die Fülle an zu bewältigenden Aufgaben und die Diskussionen über die richtigen Ansätze und Wege bestimmten diese Gründungsjahre enorm. Staatliche Souveränität, Westintegration, Wiedervereinigung, Wiederbewaffnung, Währungsreform 1948, Montanunion 1951/52, Marshallplan, Gründung der EWG 1957 als Vorgängerorganisation von EG und EU, die Durchsetzung der Sozialen Marktwirtschaft oder der Volksaufstand vom 17. Juni 1953 in der DDR waren einige der bestimmenden übergeordneten Themen der 50er Jahre.

Die Soziale Marktwirtschaft wurde zum bestimmenden Element der Wirtschaftspolitik in der Bundesrepublik und ermöglichte mit den o.g. makroökonomischen europapolitischen Entscheidungen den relativ schnellen Wiederaufbau der zerstörten Infrastruktur und das sogenannte Wirtschaftswunder in der Bundesrepublik Deutschland. Beherrschendes sozialpolitisches Thema blieb indes weiterhin die Bewältigung von Aufgaben, die sich für große Teile der Bevölkerung aus Flucht, Vertreibung, Wohnraummangel, Versorgungsfragen und Fürsorge ergaben.

Die Kriegsopferversorgung stand 1950 ganz oben auf der politischen Agenda, und mit rund 2,4 Milliarden DM bildeten die Kriegsopfer den größten Etatposten im jungen bundesdeutschen Haushalt. Dennoch demonstrierten die Kriegsopferverbände Reichsbund und VdK gegen die ungenügende Versorgung, insbesondere auch bei der ca. 1,2 Millionen Frauen, die durch den Krieg ihren Ernährer verloren hatten. Die 1949 in „Reichsbund der Kriegs- und Zivilbeschädigten, Sozialrentner und Hinterbliebenen" umbenannte Organisation arbeitete aufgrund der drängenden Probleme einen eigenen Entwurf eines Gesetzes über die Versorgung der Opfer des Krieges aus, das am 1. Oktober 1950 als Bundesversorgungsgesetz in Kraft trat. Allerdings wurde hier das

Bedürftigkeitsprinzip eingeführt, was seitens des Reichsbundes scharf kritisiert wurde. Auf dem 2. Ordentlichen Bundestag forderte der Reichsbund unter seinem Vorsitzenden Paul Neumann die Neuordnung des Schwerbeschädigtengesetzes und appellierte an die Weltöffentlichkeit, die deutschen Kriegsgefangenen freizulassen. Am 27. Mai 1953 wurde die bei der Kapitulation 1945 unter die Aufsicht des Alliierten Kontrollrates gestellte Kriegersiedlung GmbH in Berlin wieder in deutsche Hände übergeben, und der ehemalige Bundesvorsitzende Christoph Pfändner übernahm den Aufsichtsratsvorsitz. Bis 1955 wurden von der 1949 gegründeten Gemeinnützigen Reichsbund Wohnungsbau- und Siedlungsgesellschaft mbH über 8.000 Wohnungen gebaut.

Durch die Verbandsarbeit wurden auch immer wieder Verbesserungen in der Kriegsopferversorgung erreicht. Zwar wurden die Erwartungen nicht vollständig erfüllt, 1953 aber kam es z. B. zu Mehraufwendungen von 425 Millionen DM, die dem damaligen Lohn- und Preisgefüge Rechnung trugen. Der Reichsbund wirkte außerdem bei der Durchsetzung des Gesetzes über die Beschäftigung Schwerbeschädigter vom 16. Juni 1953 mit und erreichte schließlich die Einführung einer Ausgleichsabgabe für jeden nicht besetzten Pflichtarbeitsplatz.

Wie elementar die Arbeit für die Kriegsopfer zu diesem Zeitpunkt war, belegen die Zahlen. Im Januar 1954 waren in der Bundesrepublik 4,7 Millionen Kriegsopfer erfasst. Davon waren 1,6 Millionen Kriegsbeschädigte, 1,2 Millionen Witwen, 1,4 Millionen Halb- und etwa 60.000 Vollwaisen.

Aus dieser Zeit stammen auch Forderungen des Reichsbundes nach einem Gesetz für die Tuberkulosehilfe, da diese Krankheit noch immer eine große Gefahr für viele bedürftige Menschen darstellte. Außerdem wandte sich der Reichsbund vehement gegen die Begriffe „Krüppel“, „verkrüppelt“ oder „Krüppelleiden“ in Gesetzestexten und forderte stattdessen die Verwendung der Bezeichnung „Körperbehinderte“.

Ende des Jahres 1954 führten die Bemühungen des Reichsbundes um weitere Erhöhungen im Rahmen der bereits 3. Novelle des Bundesversorgungsgesetzes zum Erfolg, als ein jährlicher Mehraufwand von 410 Millionen DM vom Bundestag bewilligt wurde. Allerdings begann ab diesem Zeitpunkt eine Verschärfung in der Auseinandersetzung, die die weiteren Jahre bis zum Ende des Jahrzehnts prägen sollte.

Zu einem der größten Treffen von Kriegsopfern in der Nachkriegszeit, versammelten sich vom 18. bis 20. Juni 1955, rund 70.000 Kriegsopfer aus Deutschland und vielen europäischen Ländern in Hamburg und informierten sich über orthopädische Hilfsmittel, sowie den DRK-Suchdienst und bekundeten ihren Willen zur Völkerverständigung. Im Beisein hoher Bundes- und Landespolitiker wurde über die

Ansprüche der Kriegsopfer genauso diskutiert wie über das finanzielle Gesamtvolumen, das den Bundeshaushalt mit 3 Milliarden DM belastete. Bürgermeister Kurt Sieveking würdigte den 800.000 Mitglieder zählenden Reichsbund als maßgebende zentral gelenkte Organisation der Kriegs- und Arbeitsopfer in Deutschland, der bei der Gestaltung der Sozialgesetzgebung eine gewichtige Rolle innehabe. Im Juli 1956 legte der Bundesvorstand des Reichsbundes nach jahrelangem Ringen seinen Entwurf für ein Körperbehindertenfürsorgegesetz vor, das am 1. April 1957 als „Körperbehindertengesetz" in Kraft trat und einen enormen Fortschritt für zivile Körperbehinderte darstellte.

Das Tauziehen um auskömmliche Kriegsopferrenten bestimmte auch das Jahr 1956, als Vertreter der beiden großen deutschen Kriegsopferverbände von Bundeskanzler Konrad Adenauer empfangen wurden und erreichten, dass in der 5. Novelle des Bundesversorgungsgesetzes nicht nur 140 Millionen, sondern 772 Millionen DM an Mehrleistungen bewilligt wurden.

Diese erfolgreiche Zusammenarbeit beider Verbände inspirierte den Bundesvorstand des Reichsbundes noch einmal, den VdK von der Vereinigung aller Kriegs- und Arbeitsopfer in einer zentralen Einheitsorganisation zu überzeugen, was am 8. Dezember 1956 zur konstituierenden Sitzung des „Deutschen Kriegsopferausschusses" von Reichsbund und VdK in Kassel führte. Zu einer Vereinigung kam es aber bis 1958 nicht.

Auch international war der Reichsbund wieder vollumfänglich tätig, so z.B. auf der 6. Generalversammlung 1956 des Weltfrontkämpferverbandes, deren Delegierte aus 35 Ländern sich für die deutsche Wiedervereinigung aussprachen.

Die Forderungen des Reichsbundes nach Angleichung der Renten aus der Sozialversicherung an das veränderte Lohn- und Preisgefüge wurden in wesentlichen Teilen mit dem Rentenversicherungs-Neuregelungsgesetz vom 1. Januar 1957 erfüllt, und mit der 6. Novelle des Bundesversorgungsgesetzes erreichte der Reichsbund abermals eine Erhöhung der Aufwendungen für die Kriegsopferversorgung.

*Mehr als 3,8 Mio. Kriegsopfer wenden sich gegen höhere Rüstungsausgaben*

Spätestens seit der Gründung der Bundeswehr, der Wiederbewaffnung und der NATO-Mitgliedschaft entwickelte das Thema Krieg und Kriegsfolgen eine neue gesellschaftliche Brisanz. Reichsbund und VdK, die zusammen mehr als 3,8 Millionen versorgungsberechtigte Kriegsopfer vertraten, wandten sich vehement gegen höhere Rüstungsausgaben und warnten vor neuen kriegerischen Auseinandersetzungen. Nach einer statistischen Erhebung gab es 1958 in Deutschland noch 129.000 einseitige Beinamputierte, fast 42.000 einseitige Armamputierte, 10.370 Doppelt-Beinamputierte, 882 Doppelt-Armamputierte, 113 Dreifach-Amputierte, 28 Vierfach-Amputierte, 946 Ohnhänder und 5.107 Kriegsblinde, die alle Zeugnis davon ablegten, welch verheerende, langfristige Auswirkungen der Krieg hatte. Der Reichsbund appellierte darüber hinaus, die Atomkraft ausschließlich friedlich zu nutzen.

Die letzten zwei Jahre dieses Jahrzehnts waren geprägt von einer deutlichen Politisierung und verschärften Auseinandersetzung über die Kriegsopferversorgung. Im Kern kreiste die Diskussion um Fragen der Finanzierung, der Gerechtigkeit von Doppelrenten (so bezogen ca. 70 Prozent der Witwen und Waisen zwei Renten), um Grund- sowie Ausgleichsrenten und um die Frage, welche Aufwendungen angemessen sein sollten für die Opfer, Entbehrungen und das Leid der Beschädigten. So forderte z. B. der Reichsbund 1959 ein Mehr von 4,5 Milliarden DM, wohingegen seitens der Bundesregierung nur 550 Millionen DM veranschlagt waren.

Nach schwierigen und langen Erörterungen im Kabinett blieb die Bundesregierung zunächst auch bei einer Erhöhung des Etats um 550 Millionen DM. Das „Handelsblatt“ vom 26. Mai 1959 nannte diese Entscheidung „Mut zur Unpopularität“ und merkte an, dass die Bundesregierung gezwungen war, zwischen den legitimen Wünschen der Kriegsopfer, anderen wichtigen Aufgaben des Staates, den Interessen der gesamten Bevölkerung und vor allem den finanziellen Möglichkeiten einen „passablen Kompromiss“ zu finden. Diese Kompromissfindung zog sich dann allerdings doch noch bis ins nächste Frühjahr und führte schließlich zu einer Erhöhung der Zuwendungen um über 1,1 Milliarden DM, die in der Neuregelung ab dem 1. Juni 1960 galt.

Ende 1959 trat dann auch endlich das vom Reichsbund geforderte Gesetz über die Tuberkulosehilfe in Kraft, und aus der Sterbekasse des Reichsbundes wurden wie in den letzten zehn Jahren auch viele Familien bei Todesfällen unterstützt.

Und so endete das Jahrzehnt der Gründung und der Konsolidierung auch auf dem Gebiet der Sozialpolitik, auf dem der Reichsbund für seine Mitglieder eintrat, zwar in der Realpolitik – immerhin aber im demokratischen Wettstreit und in der Gewissheit, dass das neue politische System funktionierte und von allen Akteuren mit Leben gefüllt wurde.

# Die 60er Jahre: Wohlfahrtsarbeit im Kontext gesellschaftlichen Wandels

Unrecht zu bekämpfen und leidenschaftlich für die Interessen seiner Mitglieder einzutreten, dabei aber immer auch als Vorreiter und aktiver, pragmatischer Gestalter in der Sozialpolitik mitzuwirken und vor allem als mahnende Instanz, vielleicht sogar als ein Teil des nationalen Gewissens immer wieder auf die Schrecken des Krieges und seine Folgen aufmerksam zu machen, sind sicherlich die bedeutendsten Merkmale des Reichsbundes, der auch im „Jahrzehnt der Erneuerung und des Aufbrechens alter Strukturen" seinen Beitrag für die Gesellschaft leistete. Gerade das mahnende Element zeigte sich gleich Anfang des Jahres 1960, als der Bundesvorstand in einer Erklärung jede Form antijüdischer Hetze scharf verurteilte.

*Antijüdische Hetze scharf verurteilt*

Zwar hatte die Regierung mit der Neuregelung des Versorgungsgesetzes zum 1. Juni 1960 Zugeständnisse gemacht, den Etat erhöht und den vom Reichsbund seit 1957 geforderten Berufsschadensausgleich eingeführt – zu einer langfristigen Lösung der Versorgungsfrage war es aber trotz einer Aussprache mit Bundeskanzler Konrad Adenauer im Mai auch dieses Mal nicht gekommen. Ende 1960 lebten in der Bundesrepublik noch ca. 3,25 Millionen anerkannte versorgungsberechtigte Kriegsopfer. Angesichts dieser Zahl bemühte sich der Reichsbund ab 1961 weiter um Verbesserungen in der gesetzlichen Unfallversicherung und beim Schwerbeschädigtengesetz. In dem im Mai 1961 vom Bundestag verabschiedeten Bundessozialhilfegesetz fand dann das jahrelange Bemühen des Verbandes um eine zeitgemäße Gewährung von Hilfen in allen sozialen Notlagen seinen verdienten Ausdruck.

Der Mauerbau am 13. August 1961 berührte die Gesellschaft wie auch die Kriegsopfer gleichermaßen tief, und schon am 17. August besuchte der 2. Bundesvorsitzende Rudolf Kleine den Regierenden Bürgermeister Willy Brandt in Berlin, solidarisierte sich mit der Berliner Bevölkerung und legte zum Gedenken an die Opfer an der Berliner Mauer einen Kranz nieder. Unter dem Eindruck dieser Ereignisse sprach sich der Bundesvorstand auf seiner Tagung im Dezember öffentlich für eine Versorgung der Maueropfer in Anwendung des Bundesversorgungsgesetzes aus, was ab Januar des Folgejahres auch bewilligt wurde. Ende des Jahres forderte der Reichsbund in Bonn den Bundeskanzler zu einer „aktiven Sozialpolitik“ auf und verlangte eine angemessene Beteiligung aller Sozialhilfeempfänger an der allgemeinen guten wirtschaftlichen Entwicklung.

Auch das Jahr 1962 war durchweg gekennzeichnet von Auseinandersetzungen über Etatfragen und Verbesserungen hinsichtlich vom Reichsbund geforderter sozialpolitischer Neuregelungen z. B. der gesetzlichen Unfallversicherung, der Krankenversicherung, der Lohnfortzahlung und des Kindergeldes. Neben seinem beständigen Engagement für die Kriegsopfer hatte der Reichsbund aber auch immer die aktuellen Problemfelder im Blick, so z. B. die Forderung nach einer umfassenden Versorgung der etwa 5.000 missgebildeten Kinder, die Opfer des Conterganskandals wurden. Darüber hinaus baute der Reichsbund auch Pflegestätten für Körperbehinderte, wie z. B. das am 9. November 1962 eingeweihte „Senator-Neumann-Heim“ in Hamburg-Bergstedt.

Mit der Spiegel-Affäre im Oktober 1962 zeigte sich, dass sich ein grundlegender Wandel in Deutschland ankündigte. Die Presse hatte sich als demokratische vierte Gewalt etabliert, und die Gesellschaft politisierte und liberalisierte sich zusehends weiter. Man muss die elementaren Bewegungsprozesse innerhalb der Gesellschaft ab 1963 im Blick behalten, um die sich fortsetzenden Auseinandersetzungen über die Versorgungsfragen zu verstehen. Ereignisse wie der Berliner Kennedy-Besuch, die aufkommenden Studentenunruhen, die sexuelle Revolution, der Rücktritt Adenauers im Herbst 1963, der Auschwitz-Prozess, das Nachfragen der Jungen nach Verantwortlichkeiten in der NS-Zeit und die damit beginnende Vergangenheitsaufarbeitung beschäftigten die Gesellschaft als Ganzes in enormem Umfang und lenkten den Fokus auch auf andere Themen als die Versorgung der Kriegsopfer. Dass der Reichsbund selbst in den 80er Jahren mit dem Thema Vergangenheitsbewältigung einmal direkt konfrontiert werden sollte, ahnte zu diesem Zeitpunkt innerhalb des Verbandes noch niemand.

In diesem Kontext musste sich der Reichsbund noch viel intensiver als in den Vorjahren auf Bundesebene Gehör verschaffen, damit das Thema der Opferversorgung auf der politischen Agenda der Regierenden blieb. So ist auch die Zuspitzung zum Jahresende 1963 zu erklären, als sich bei Protestmärschen rund 35.000 Kriegsopfer öffentlichkeitswirksam gegen den Stufenplan der neuen Regierung unter Ludwig Erhard zur Aufteilung des Mehraufwands von 1,2 Milliarden DM in zwei Etappen zur Wehr setzten und es mit dieser Aktion sogar in die „New York Times“ schafften.

Sozialpolitisch konnte der Reichsbund mit dem Inkrafttreten des Unfallversicherungs-Neuregelungsgesetzes im Juli 1963 nach jahrelangen Diskussionen wesentliche Verbesserungen erzielen, und auch international zeigte sich die verantwortungsvolle

Weitsicht des Reichsbundes und seiner Mitglieder. Was der Reichsbund zeit seines Bestehens immer gefordert hatte, nämlich die aktive Aussöhnung mit Frankreich, fand im Januar 1963 endlich auch den Weg in die Realpolitik, als im Pariser Élysée-Palast Charles de Gaulle und Bundeskanzler Konrad Adenauer ein Vertragswerk zur deutsch-französischen Zusammenarbeit unterzeichneten. Ebenfalls im Januar hatte der Bundesvorstand ein Grundstück in Bad Godesberg in der Beethovenstraße 58 gekauft, wohin die Bundesgeschäftsstelle 1964 verlegt wurde.

Ende Januar 1964 stimmte der Bundestag nach kontroverser Debatte einstimmig einer Verbesserung der Kriegsopferversorgung zu. Damit wurde eine Auseinandersetzung zwischen den Fraktionen des Bundestages, aber auch zwischen den Kriegsopferverbänden und der Regierung beigelegt, die mit dem Marsch auf Bonn im Dezember des Vorjahres ihren Kulminationspunkt erreicht hatte. Erfolgreich war der Reichsbund in seinen Forderungen aber auch dieses Mal, denn mit der Verabschiedung des 2. Neuordnungsgesetzes zum Kriegsopferrecht wurden die jährlichen Mehraufwendungen von 648 Millionen auf rund 1,2 Milliarden DM gesteigert.

Die zu diesem Zeitpunkt noch oppositionelle SPD sprach sich in Person Herbert Wehners angesichts der immer wiederkehrenden Auseinandersetzungen für einen langfristigen Finanzierungsplan aus. Auch die großen Kriegsopferverbände appellierten Weihnachten 1964 an die Regierung, endlich eine langfristige Regelung zu schaffen, die die Anpassung ihrer Renten an die wirtschaftliche und soziale Entwicklung automatisiere, um nicht Jahr für Jahr zu drastischen Protestaktionen gezwungen zu sein.

Ein weiterer großer Erfolg des Verbandes war die Verabschiedung des Rentenversicherungs-Änderungsgesetzes (Härtenovelle) am 2. April 1965, mit dem ein Großteil der vom Reichsbund aufgezeigten Härten in den Rentenversicherungs-Neuregelungsgesetzen des Jahres 1957 beseitigt wurden.

Seiner besonderen Rolle als „Gewissensinstanz“ wurde der Reichsbund auch 1965 wieder gerecht, als der Bundesvorsitzende Rudolf Kleine auf der 11. Generalversammlung des Weltfrontkämpferverbandes betonte, dass Kriegsverbrechen keiner Verjährung unterliegen dürften. Sein immer stärker werdendes Engagement für die Körperbehinderten zeigte sich auch, als Kleine als Ehrengast zu den Stoke-Mandeville-Spielen in England reiste, an denen die Bundesrepublik Deutschland mit einer starken Querschnittsgelähmten-Mannschaft teilnahm.

*"Körperbehinderung und Erleichterungen im Alltag" – Ausstellung auf dem 10. Weltkongress zum Thema Barrierefreiheit*

Überhaupt bekam das Thema „Körperbehinderung und Erleichterungen im Alltag" mehr und mehr Gewicht in der Verbandsarbeit. Die Forderung nach Barrierefreiheit und einer behindertengerechten Infrastruktur entwickelte sich zu weiteren Betätigungsfeldern des Reichsbundes. So zeigte der Verband im Rahmen des 10. Weltkongresses der Internationalen Gesellschaft für die Rehabilitation Behinderter (ISRD) in Wiesbaden eine Ausstellung zum Thema der Überwindung architektonischer Hindernisse. Die eigene Gemeinnützige Reichsbund Wohnungsbau- und Siedlungsgesellschaft mbH in Hannover hatte bis zu diesem Zeitpunkt rund 10.800 Wohneinheiten erstellt.

Die Verbesserung der Versorgungslage der immer noch knapp 2,8 Millionen Kriegsopfer blieb natürlich auch 1966 das zentrale Betätigungsfeld des Verbandes. Allerdings geriet das 3. Neuordnungsgesetz zum Kriegsopferrecht im Herbst 1966 zunehmend in den Schatten der Regierungskrise und der einsetzenden leichten wirtschaftlichen Schwächephase, in der die Regierung versuchte, den Bundeshaushalt für 1967 drastisch zu kürzen. Nach dem Rückzug der FDP-Minister aus der Regierung im Oktober 1966 begannen Verhandlungen über eine Große Koalition, und schließlich trat Ludwig Erhard zurück.

Direkt nach dem Regierungswechsel und der Regierungsbeteiligung der SPD in der ersten Großen Koalition unter Kurt Georg Kiesinger verabschiedete die neue Bundesregierung trotz der Haushaltssorgen und der rund 650.000 Arbeitslosen ihre bisher höchste Offerte für die Verbesserung der Kriegsopferrenten um etwa 880 Millionen auf nahezu 6 Milliarden DM für das Jahr 1967. Der größte Anteil der zusätzlichen Mittel fiel dabei auf die vom sonstigen Einkommen unabhängigen Grundrenten. Vereinbart wurde auch in der sogenannten Anpassungsklausel, dass ab 1969 alle zwei Jahre geklärt werden solle, inwieweit es unter den Gesichtspunkten der Leistungsfähigkeit und des realen Wachstums der Volkswirtschaft möglich sei, die Renten zu ändern.

Die kleine Rezession in der Wirtschaft und die daraus resultierenden Haushaltsschwierigkeiten bestimmten naturgemäß wieder die Auseinandersetzungen zwischen Regierung und Reichsbund und ließen z. B. den Schutz der Schwerbeschädigten vor Kündigung wieder mehr in den Vordergrund treten. Trotz der Warnungen des Reichsbundes beschloss die Bundesregierung im September einschneidende Kürzungen im Sozialhaushalt, was sich mitsamt der am 1. Januar 1968 eingeführten Mehrwertsteuer von 10 Prozent negativ auf die Kaufkraft der Renten auswirkte.

Da die von der Großen Koalition unternommenen Anstrengungen Früchte trugen und die Volkswirtschaft real wieder wuchs, erneuerten die Kriegsopferverbände ihre Forderung nach einer Erhöhung der Grundrenten. Der Vorsitzende des Reichsbundes,

Rudolf Kleine, forderte in einem Schreiben an Kurt Georg Kiesinger eine Erhöhung der Grundrenten zum 1. Januar 1969 und erinnerte daran, dass in der Renten- und Unfallversicherung jährlich gesetzliche Rentenanpassungen vorgenommen würden, von denen die Kriegsopfer bislang ausgenommen seien. In der Rückschau mutet es befremdlich an, dass ein Thema, über dessen gesellschaftliche Bedeutung und inhaltliche Relevanz sich sowohl die politischen Akteure als auch die journalistischen Beobachter völlig einig waren, doch wieder zum Gegenstand von lange andauernden parteipolitischen Auseinandersetzungen über Budgetfragen und Haushaltspolitik avancierte.

Eine Mitschuld an der nicht zu erzielenden Einigung über eine praktikable, konstruktive Lösung auf längere Sicht sei aber auch der Rivalität der Verbände Reichsbund und VdK zuzuschreiben, merkte die Zeitung „Die Welt“ in einem Artikel zum Thema an und verwies darauf, dass die Androhung von Protestmärschen kein Klima der Verständigung erzeugte.

Unabhängig von sozialpolitischen Differenzen forcierte der Reichsbund aber z. B. seinen sozialen Wohnungsbau und legte 1968 den Grundstein für das größte Reichsbund-Wohnungsbauvorhaben in Hannover-Duvenstedt mit 450 Mietwohnungen, 40 Altenwohnungen und 50 Einfamilienhäusern. Darüber hinaus versuchte der Reichsbund weiterhin auf bundes- und ländergesetzliche Regelungen hinzuwirken, dass bei Neubauten auf körperbehinderte Bewohner Rücksicht genommen und architektonische Hindernisse vermieden werden sollten.

Am 1. Januar 1969 begann der Reichsbund mit dem Aufbau seiner Arbeit für behinderte Jugendliche und versuchte, bezogen auf die Kriegsopferfürsorge, ein breites Bündnis aller Opferverbände zu initiieren, was aber den VdK nicht zu einer gemeinsamen Vorgehensweise veranlasste. Der Bundesvorstand bekannte sich im April 1969 abermals nachdrücklich zur Unverjährbarkeit von Kriegsverbrechen und konnte mit der Verabschiedung eines modernen Arbeitsförderungsgesetzes, eines Gesetzes über die Lohnfortzahlung für Arbeiter im Krankheitsfall sowie mit der Einführung einer Versicherung für Sterbegeld- und Unfallvorsorge weitere große Erfolge der kontinuierlichen Verbandsarbeit verzeichnen.

Es dauerte letztlich fast das ganze Jahrzehnt, bis sich der allgemeine Wandel auch in einem Machtwechsel niederschlug und die SPD-Machtübernahme unter Willy Brandt am 21. Oktober 1969 die konservative Ära beendete. Für die Diskussion über die Rentenerhöhungen bedeutete dies die Wiederholung der Auseinandersetzung mit anderen Vorzeichen in der Art, dass ab sofort die oppositionelle CDU die Verbände in ihren Forderungen unterstützte und die SPD die real möglichen Zugeständnisse machen musste. Vor dem Hintergrund des ersten wirklichen

Regierungswechsels, der leicht zurückgehenden Kriegsopferzahlen, der Studentenunruhen und einer sich modernisierenden und diversifizierenden Gesellschaft endeten die 60er Jahre mit dem Wunsch und dem Versprechen des neuen Kanzlers von Kontinuität und Erneuerung und, bezogen auf die Innenpolitik, „mehr Demokratie wagen zu wollen".

# Die 70er Jahre: Kontinuierliche Weiterentwicklung in einem sozialdemokratischen Jahrzehnt

Der neu gewählte Bundeskanzler ließ seiner Regierungserklärung vom 28. Oktober 1969, bezogen auf die Kriegsopferfürsorge, mit dem ersten und zweiten Anpassungsgesetz zur Kriegsopferversorgung schnell Taten folgen. Zum ersten Mal wurde die direkte Anpassung der Versorgungsleistungen an die durchschnittliche Entwicklung der Löhne und Gehälter festgeschrieben. Die Regierung tat dies, um endlich auch strukturelle Verbesserungen anzugehen, auch wenn das für den Bundeshaushalt eine außerordentliche finanzielle Herausvorderung bedeutete. Der Reichsbund startete auch wieder eine Initiative, um mit dem VdK zu fusionieren. Die vielen Verhandlungen erstreckten sich bis 1973, kamen aber schließlich Ende des Jahres wegen unüberbrückbarer Differenzen zum Erliegen.

*Verbesserungen für Behinderte in allen Bereichen der öffentlichen Infrastruktur sowie flexible Renteneintrittsgrenze*

Sozialpolitisch stellte sich der Reichsbund in seinen zu behandelnden Themen mittlerweile sehr breit auf. Rehabilitation von Behinderten, Wiedereingliederung von Behinderten in Arbeit, Beruf und Gesellschaft, sozialer, behindertengerechter Wohnungsbau, viel Engagement auf internationalem Gebiet in Ost und West, Verbesserungen für Behinderte in allen Bereichen der öffentlichen Infrastruktur oder die Forderung nach einer flexiblen Alters- und damit Renteneintrittsgrenze für Schwerbeschädigte waren Schwerpunkte der anstehenden Verbandsarbeit.

Einen prominenten Fürsprecher hatte der Reichsbund bei fast allen Themen in Bundespräsident Gustav Heinemann, der in seiner Weihnachtsansprache 1970 explizit den Blick auf die körperlich, geistig und seelisch Behinderten und deren Bedürfnisse lenkte.

Zum Jahresende zeigte sich in dem berühmten Kniefall Willy Brandts vor dem Mahnmal zum Gedenken an den Aufstand im jüdischen Ghetto in Warschau auch der gesamten Weltöffentlichkeit, dass sich im Bewusstsein der Deutschen etwas grundlegend geändert hatte und die Aussöhnung, für die auch der Reichsbund beständig eintrat, auch von den obersten Repräsentanten des Staates gelebt wurde.

Es war sicherlich auch mit dieses Ereignis, das dem Reichsbund 1971 die Möglichkeit eröffnete, sich noch mehr in Richtung Polen, Tschechoslowakei und UdSSR zu öffnen, gegenseitige Besuche von Kriegsopfern und -teilnehmern zu organisieren und am 1. gesamteuropäischen Treffen der Kriegsopfer, Kriegsteilnehmer und Widerstandskämpfer für Sicherheit, Freundschaft und Frieden im November 1971 in Rom teilzunehmen. Ebenfalls im November 1971 fand in Hamburg ein Festakt zum 25. Jahrestag der Wiedergründung des Reichsbundes statt, an dem neben Bundesarbeitsminister Walter Arendt auch viele ausländische Delegationen teilnahmen.

Sein besonderes Engagement für einen weit gefassten Kreis der Bedürftigen formulierte der Reichsbund erneut zum Jahreswechsel 1971/72, als er den Ausbau des Schwerbehindertengesetzes zu einem Eingliederungsgesetz für Behinderte forderte – und dies unabhängig von der Ursache ihrer Behinderung.

Der Verband unterstrich diese Forderung durch den Beschluss, die Trägerschaft eines in Bremen geplanten Berufsbildungswerkes für die berufliche Erstausbildung behinderter Jugendlicher zu übernehmen. Fast zeitgleich fand in Mannheim die Gründungsversammlung der „Jugend im Reichsbund" statt, einer Organisation sowohl für behinderte wie auch für nicht behinderte Jugendliche. Im gleichen Jahr beteiligte sich der Reichsbund auch am Aufbau der Stiftung „Hilfswerk für behinderte Kinder", in deren Stiftungsrat der Reichsbund vertreten war.

Wie eng der Kontakt des Reichsbundes zu den Entscheidern in den höchsten politischen Ämtern zur damaligen Zeit war, zeigte sich einmal mehr im März 1973, als Bundeskanzler Willy Brandt sich mit den Bundesvorsitzenden Rudolf Kleine und Hermann Meyer traf, um über die Weiterentwicklung der Kriegsopferversorgung zu beraten. Dabei setzte der Reichsbund dezidiert darauf, mit Argumenten zu überzeugen und nicht zu demonstrieren. Eine Vorgehensweise, die den gewünschten Erfolg brachte, denn die Bundesregierung beschloss im September die Anpassung der Kriegsopferversorgung in zwei Etappen für 1974 und 1975 und akzeptierte damit den Stufenplan des Verbandes.

Aber auch der Reichsbund musste miterleben, dass es gerade auch in einem wachsenden Europa und einer immer mehr vernetzten Welt zu „Grenzen des Wachstums" kam und dass nicht immer alle Forderungen aller gesellschaftlichen Akteure gleichzeitig zu erfüllen waren. Angesichts des Ölpreisschocks und leerer Autobahnen im

Spätherbst 1973 schaffte es der Reichsbund sogar in dieser Situation, dass erheblich gehbehinderte Schwerbeschädigte von den Sonntagsfahrverboten ausgenommen wurden.

Der Rücktritt Willy Brandts am 6./7. Mai 1974 war auch für den später in „Reichsbund der Kriegsopfer, Behinderten, Sozialrentner und Hinterbliebenen" umbenannten Verband und sicherlich für viele seiner Mitglieder ein einschneidendes Ereignis. Die Versorgung wurde aber auch unter dem neuen Kanzler Helmut Schmidt kontinuierlich verbessert. So wurden die Kriegsopferrenten für die ca. 2,25 Millionen Kriegsopfer im Oktober 1974 um rund 11,1 Prozent angehoben. Zum 1. Oktober trat auch das neue Behindertengesetz in Kraft, nach dem allen Behinderten, unabhängig von der Ursache ihrer Behinderung, ein Rechtsanspruch auf umfassende medizinische und berufliche Hilfen zur Eingliederung in Arbeit, Beruf und Gesellschaft zugesprochen wurde. Diese Rehabilitationsmaßnahmen sollten bereits am Krankenbett beginnen und für jeden behinderten Bürger gelten.

Mit Bundeskanzler Helmut Schmidt traf sich das Reichsbund-Präsidium dann Anfang 1975 zu einem Arbeitstreffen, bei dem über Themen wie die Arbeitsplatzsicherung für Schwerbehinderte, Wiedereingliederung, weitere strukturelle Verbesserungen in der Kriegsopferversorgung und insbesondere über die soziale Sicherung der Frauen beraten wurde. Im April 1975 wurde Horst Bauermeister zum Geschäftsführer der Gemeinnützigen Reichsbund Wohnungsbau- und Siedlungsgesellschaft mbH bestellt, der später in die Immobilienaffäre der 80er Jahre verwickelt war.

Als Modelleinrichtung für behindertengerechtes Bauen konzipiert, erfolgte Mitte 1975 im sauerländischen Brilon die Grundsteinlegung für ein Reichsbund-Erholungsheim, das im Januar 1978 seinen Betrieb aufnahm. Zusammen mit dem Reichsbund-Erholungsheim in Bad Bevensen, seinen Betrieb Anfang 1979 aufnahm, und dem 1978 fertig gestellten Rehabilitationszentrum zur beruflichen Erstausbildung von jungen Behinderten in Bremen gestaltete der Reichsbund ganz aktiv seine direkte Hilfe und setzte dabei auch im internationalen Maßstab hohe Standards in der Betreuung seiner Mitglieder.

Im November 1975 trat der Reichsbund zum Abschluss des „Internationalen Jahres der Frau" dem Deutschen Frauenrat bei, beschloss auf der Bundesfrauenkonferenz eine neue Konzeption der Frauenarbeit im Reichsbund und legte ein „Frauenpolitisches Programm" vor.

Die Chancengleichheit der Frau in Beruf und Wirtschaft wie auch die Gleichstellung von Mann und Frau in der gesetzlichen Rentenversicherung blieben dabei natürlich auf der sozialpolitischen Agenda des Reichsbundes.

Zum 1. Juli 1976 wurden dann die der Dynamisierung unterliegenden Leistungen des Bundesversorgungsgesetzes um rund 11 Prozent angehoben. Dazu gehörten unter anderem die Leistungen für Blinde, die Grund- und Ausgleichsrenten der Beschädigten, Witwen und Waisen sowie die Schwerstbeschädigtenzulage, die Elternrenten und die Pflegezulage.

Anlässlich der Feierlichkeiten des Reichsbundes zum 30. Jahrestag der Wiedergründung überreichte der 1. Vorsitzende Rudolf Kleine den Abgeordneten des 8. Deutschen Bundestages im Namen der ca. 800.000 Mitglieder einen 50 Punkte umfassenden sozialpolitischen Dringlichkeitskatalog und kündigte an, auch in den nächsten Jahren keinen sozialpolitischen Stillstand zu dulden.

Das Jubiläumsjahr 1977 mit seinen vielen Ehrungen und Feiern zum 60-jährigen Bestehen des Verbandes war aber auch ein Jahr des extremen Terrorismus. Die vielen terroristischen Aktivitäten der letzten Jahre, von den schrecklichen Anschlägen bei den Olympischen Spielen in München 1972 bis zu den dramatischen Ereignissen des „Deutschen Herbstes" veranlassten den Reichsbund dazu, sich wieder einmal explizit gegen Krieg und, anlässlich der Gewaltspirale, entschieden gegen den Terror auszusprechen.

Das „Jahr des Reichsbundes" wurde mit der Ankündigung des Verbandes beendet, in Berlin ein behindertengerechtes Reichsbund-Gästehaus direkt am Berliner Kurfürstendamm zu errichten. Dieses Projekt allerdings, die Umstände seines Baus und der Finanzierung entwickelten sich dann im Zuge der „schwierigen 80er Jahre" – zusammen mit einigen anderen Problemfeldern – zu einer innerverbandlichen Gemengelage, die den Reichsbund in außerordentliche Turbulenzen bringen sollte. Vorher allerdings forcierte der Reichsbund noch seine Zusammenarbeit mit der Arbeiterwohlfahrt, bekannte sich anlässlich des 25. Jahrestages des Volksaufstandes in der DDR zur deutschen Einheit und erreichte, dass die flexible Altersgrenze für Schwerbehinderte in zwei Stufen zum 1. Januar 1979 und 1. Januar 1980 auf 60 Jahre abgesenkt wurde.

Am 8. August 1979 erklärte der langjährige 1. Bundesvorsitzende Rudolf Kleine aus gesundheitlichen Gründen seinen Rücktritt von allen Ämtern, und auf der 9. Bundestagung in Hannover wurde der ehemalige niedersächsische Landtagsabgeordnete und ehemals 2. Bundesvorsitzende Hermann Meyer, der dem Reichsbund auch schon seit 1962 angehörte, zum 1. Bundesvorsitzenden gewählt.

# Die schwierigen 80er Jahre: Eine Zeit der großen politischen Veränderungen und der verbandsinternen Umbrüche

Die 80er Jahre begannen mit einem großen Erfolg des Reichsbundes, denn schwerbehinderte Arbeiter und Angestellte konnten von nun an von der flexiblen Altersgrenze Gebrauch machen und bereits ab dem 60. Lebensjahr in den verdienten Ruhestand gehen. Angesichts ständig steigender Arbeitslosenzahlen und Lebenshaltungskosten forderte der Reichsbund nach den Wahlen im Herbst 1980 den Bundeskanzler schriftlich auf, das System der sozialen Sicherheit sinnvoll und nicht zu Lasten der sozial Schwachen weiterzuentwickeln.

Aus dem Reichsbund wurden für die Geschäftsjahre 1980 bis 1983 vier Mitglieder der Reichsbundführung zu Bundessozialrichtern berufen, und der Verband intensivierte sein Engagement, auf möglichst vielen Gebieten mehr Lebensqualität für Behinderte zu erreichen, so z. B. bei gemeinsamen Seminaren mit der Architektenkammer Schleswig-Holstein zum Thema „behindertengerechtes Bauen“.

Besonders aktiv war der Reichsbund in dieser Zeit auch auf internationalem Gebiet, z. B. im Weltfrontkämpferverband, in dem Themen wie Abrüstung und die Bedrohungen durch den Nord-Süd-Konflikt genauso behandelt wurden wie die Lage der Kriegsbeschädigten und Behinderten in allen Ländern. Das von den Vereinten Nationen ausgerufene „internationale Jahr der Behinderten“ 1981 erfuhr in der Verbandsarbeit gleich zu Anfang einen besonderen Höhepunkt in der einwöchigen Auftaktveranstaltung des Reichsbundes in Gelsenkirchen, wo der Öffentlichkeit ein 10-Punkte-Programm zur Rehabilitation der Behinderten vorgelegt wurde. Ergänzt wurde dies kurze Zeit später durch die von der frauenpolitischen Arbeitstagung des Verbandes ausgearbeiteten zehn Thesen zur Verbesserung der Lebenssituation von behinderten Frauen und durch die Reichsbund-Großkundgebungen, die im Mai 1981 in Kiel stattfanden.

*Mehr als 100.000 arbeitslose Schwerbehinderte lösten Aktionsprogramm aus*

All diese öffentlichkeitswirksamen Aktionen begründeten auch den Erfolg, dass im Herbst die angekündigten großen Sparmaßnahmen in der Kriegsopferversorgung zurückgenommen wurden.

Ende des Jahres 1981 wurden allerdings über 100.000 arbeitslose Schwerbehinderte registriert, worauf der Reichsbund Anfang 1982 ein Aktionsprogramm gegen die Arbeitslosigkeit der Schwerbehinderten vorlegte und die Politik aufforderte, sich noch mehr für die soziale Sicherheit als Garant für den „inneren und äußeren Frieden" einzusetzen. Die Organisation setzte ihre Bautätigkeit weiter fort, und im Mai beging der Reichsbund in Berlin in einer schlichten Feierstunde den 65. Jahrestag seiner Gründung.

Sozialpolitisch entwickelte sich auf Bundesebene innerhalb der sozialliberalen Regierungskoalition ein Richtungsstreit über den Bundeshaushalt 1983, bei dem ca. 8 Milliarden DM an Sozialleistungen eingespart werden sollten, was sich vor allem auf die Kriegsopfer, Rentner, Arbeitslosen und Kranken auswirken würde. Und obwohl der Reichsbund scharf intervenierte, verabschiedete die Koalition im Juli den Entwurf. Der im September von der FDP im sogenannten „Lambsdorff-Papier" zur Wirtschafts- und Sozialpolitik geforderte, noch weiter gehende Abbau der Sozialleistungen besiegelte u.a. das Ende der sozialliberalen Koalition und führte am 1. Oktober 1982 zur neuen christlich-liberalen Regierung unter Dr. Helmut Kohl mit dem neuen Bundesarbeitsminister Dr. Norbert Blüm.

Im Dezember 1982 wurde in Berlin unter großer medialer Beachtung das auch durch öffentliche Mittel des Berliner Senats und durch die Stiftung Deutsche Klassenlotterie Berlin finanzierte behindertengerechte Hotel Mondial eröffnet – gedacht als internationale Begegnungsstätte für Behinderte und Nichtbehinderte. Es waren unter anderem die Umstände zur Finanzierung und zum Betrieb dieses Bauwerkes, die den Reichsbund in die schwerste Zeit seiner Nachkriegsgeschichte führen sollten.

Mitte der 80er Jahre hatte der Reichsbund die wichtigsten sozialpolitischen Handlungsfelder der nächsten Jahre identifiziert. Mit umfangreichen Forderungen beteiligte sich der Reichsbund nicht nur an der breiten öffentlichen Diskussion um die Sozialpolitik, sondern positionierte sich eindeutig gegen die von der christlich-liberalen Regierungskoalition aus CDU/CSU und FDP betriebene Sozialpolitik, mit dem Vorbehalt der Kostenneutralität sowie den damit verbundenen indirekten Leistungseinbußen.

So kam der Reichsbund mit dem im Juli 1985 veröffentlichten umfassenden Forderungskatalog zur strukturellen Weiterentwicklung des Bundesversorgungsgesetzes

(BVG) seiner besonderen Verpflichtung gegenüber Kriegsopfern und Hinterbliebenen nach und intensivierte die öffentliche Diskussion dahingehend, dass im 14. und 15. Anpassungsgesetz – Kriegsopferversorgung (KOV) wesentliche Verbesserungen, wie zum Beispiel die Anhebung des Berufsschadensausgleichs, umgesetzt wurden, wenngleich die Forderung nach einem tief greifenden KOV-Strukturgesetz nicht verwirklicht werden konnte.

Im Rahmen der Novellierung des Schwerbehindertengesetzes gelang es dem Reichsbund 1986 gemeinsam mit Gewerkschaften, Abschwächungen beim besonderen Kündigungsschutz für behinderte Menschen ebenso zu verhindern wie die Einführung eines arbeitsplatzbezogenen Schwerbehindertenbegriffs.

Bereits lange vor der gesamtgesellschaftlichen Diskussion hatte der Reichsbund die Lebenssituation pflegebedürftiger Menschen und ihrer Angehörigen sowie die Kosten- und Leistungsentwicklung der gesetzlichen Renten- und Krankenversicherung im Blick. Damit beteiligte sich die 1987 in Reichsbund der Kriegs- und Wehrdienstopfer, Behinderten, Sozialrentner und Hinterbliebenen umbenannte Organisation auch in den 80er Jahren nicht nur an aktuellen Gesetzgebungsverfahren, sondern befasste sich auch mit zukünftigen Entwicklungen und neuen Themenfeldern in der Sozialpolitik.

Seine Aufgabe nicht nur als politischer und gesellschaftlicher Meinungs-, sondern auch innovativer Bewusstseinsbildner zeigte und zeigt sich an Beispielen wie diesen sehr deutlich.

So erfolgreich sich die Verbandsarbeit allerdings auch in den 80er Jahren gestaltete, intern gab es eine lange Reihe schwerwiegender Probleme. Der Reichsbund als eine der größten Sozialorganisationen der Republik hatte, wie schon angedeutet, das behindertengerechte Hotel Mondial in Berlin quasi als Wirtschaftsbetrieb geführt. Aus dieser Begebenheit heraus hatte das Bonner Finanzamt der Organisation infolge der Gewinne, die aus dem Betrieb des Hotels generiert wurden, die Gemeinnützigkeit für den Zeitraum 1980 bis 1984 aberkannt und auf zunächst gewährte staatliche Zuschüsse steuerliche Rückforderungen in Millionenhöhe erhoben. Zudem stellten das Land Berlin und die Stiftung Deutsche Klassenlotterie als Mitfinanziers weitreichende Regressansprüche, da sie über die Liquidität der Organisation getäuscht worden waren.

Wirklich brisant wurde das Finanzgebaren des Verbandes dann mit einem am 1. September 1987 abgewickelten Immobiliengeschäft in Berlin, bei dem die Organisation ihre Gemeinnützige Reichsbund Wohnungs- und Siedlungsgesellschaft mbH Berlin an die Gemeinnützige Wohnungsbaugenossenschaft Neukölln verkaufte.

Die Umstände des Zustandekommens dieses Geschäftes, die undurchsichtige Beteiligung der Verantwortlichen, der extrem geringe Verkaufspreis und die Frage, wer von dem Verkauf von 1.500 Reichsbund-Wohnungen profitiert hatte, führten zu verbandsinternen juristischen Auseinandersetzungen und heftigem Streit zwischen Bundesgeschäftsführer Peter Senft und dem Baufachmann des Reichsbundes, Horst Bauermeister. Das ganze Geschäft rückte vor allem deswegen ins Zwielicht, weil Bauermeister ausgerechnet mit dem Unternehmen handelseinig wurde, bei dem sein Vorgänger als Geschäftsführer in Berlin, Horst Hartmann, nun selbst in der Geschäftsführung saß – nämlich der Wohnungsbaugesellschaft Neukölln. Dieses Unternehmen machte bei dem Kauf ein hervorragendes Geschäft. Für nur 3,7 Millionen DM bekam sie 1.533 Mieteinheiten – Wohnungen, Läden und Garagen. Dies bedeutet, dass nach diesen Konditionen eine 100-Quadratmeter-Wohnung für nur rund 4.300 Mark verkauft wurde. Über die Fragen, ob dem Reichsbund und seinen Mitgliedern also ein Millionenvermögen verloren gegangen war, ob der Vorstand mit falschen Angaben zum Zustand der Wohnungen absichtlich getäuscht wurde und ob der damals verantwortliche, seit 1979 amtierende Vorsitzende Hermann Meyer im Hintergrund als Makler tätig gewesen war und Provision erhalten hatte, geriet dieser selbst sehr unter Druck und trat dann, als auch noch seine Mitgliedschaft in der Waffen-SS bekannt wurde, am 17. September 1988 von seinem Amt zurück.

Wegen dieser undurchsichtigen Immobiliengeschäfte und der von den Finanzbehörden geforderten Steuernachzahlungen in Millionenhöhe untersagte ein Gericht die Wahl eines neuen Vorsitzenden bis zur Aufklärung der Affäre. Bevor ein Neuanfang gestartet werden konnte, stellte sich zudem infolge der Aufklärungsarbeiten 1988 auch noch heraus, dass die Mitgliederzahl des Verbandes mit ca. 420.000 statt 850.000 um mehr als die Hälfte geringer ausfiel als offiziell angegeben. All das war insofern brisant, als im Verhältnis zu der Mitgliederzahl auch öffentliche Positionen wie z. B. finanziell lukrative Posten bei Landesrundfunkräten oder Gerichten verbunden waren, die dem Verband so nicht zugestanden hätten.

Der nationale wie internationale Imageschaden war immens. Lange Zeit litt auch die enge Zusammenarbeit mit der Politik unter den inneren Querelen des Verbandes, denn die über Jahrzehnte erprobte und erfolgreiche Zusammenarbeit mit den Sozialpolitikern, die sich bei der Gesetzgebung immer gerne auf die Expertise und den Sachverstand des Verbandes verlassen hatten, wurde angesichts der inneren Probleme erst mal zurückgefahren.

Die interne Klärung dieser Ereignisse innerhalb des Reichsbundes dauerte unter der kommissarischen Leitung der 2. Bundesvorsitzenden Sophie Goetzke letztlich bis zur Bundeskonferenz am 17. Februar 1990 in Königswinter. Von dieser

Bundeskonferenz ging die Hoffnung der Organisation aus, mit der Neuwahl des Präsidiums verbandspolitisch und finanziell wieder in ruhigeres Fahrwasser zu gelangen.

Die Situation beruhigte sich schließlich ab Februar 1990, als drei von vier Führungsposten des Verbandes neu besetzt wurden und der Reichsbund unter seinem neuen Vorsitzenden Walter Franke einen Neuanfang startete als innovativer und verantwortungsvoller gesellschaftlicher Akteur.

Mit diesen personellen Veränderungen ging von der Bundeskonferenz nicht nur ein Zeichen der verbandspolitischen und finanziellen Stabilisierung des Reichsbundes insgesamt aus. Ein erstes positives Signal hatte es zuvor bereits Ende 1989 gegeben: Nachdem dem Verband in Zusammenhang mit seinem Hotel Mondial und staatlichen Zuschüssen für die Jahre 1980 bis 1984 die Gemeinnützigkeit aberkannt worden war und ihn steuerliche Rückforderungen in Millionenhöhe belastet hatten, erlangte der Reichsbund rückwirkend ab 1988 die Gemeinnützigkeit wieder, was den Weg zu einer finanziellen Konsolidierung öffnete. Dazu zählte auch die Wahrung vermögensrechtlicher Ansprüche infolge der Wiedervereinigung, was explizit das Grundstück des ehemaligen Reichsbund-Hauses in Berlin-Mitte, Rolandufer 6 betraf. Nach langen Bemühungen wurde dieses mit Grundbucheintrag vom 30. Oktober 2000 an den Verband zurückübertragen. Auch die sozialpolitische Arbeit konnte wieder mehr in den Mittelpunkt der Bemühungen gerückt werden. Immer dem Wohle seiner Mitglieder und der Demokratie verpflichtet, wurde die Organisation wieder ein Stabilisator und Mahner in schwierigen Zeiten, ein Reformer, dessen genuines Kennzeichen es immer war, den Benachteiligten in der Gesellschaft kontinuierlich zur Seite zu stehen, um die sozialen und wirtschaftlichen Verhältnisse im Kleinen wie auch im Großen stetig zu verbessern.

## Die Sozialpolitik Ende der 1980er Jahre

So schwierig die interne verbandspolitische Lage in den 1980er Jahren auch war, nach außen hin engagierte sich der Reichsbund bei der Weiterentwicklung des Sozialstaates entschlossen im Sinne seiner jahrzehntelangen Tradition und zum Wohle seiner Mitglieder.

*Trotz schwieriger interner Lage*
*engagiert und entschlossen*

Ende der 1980er Jahre trieb die Bundesregierung in allen wesentlichen sozialpolitischen Themenfeldern mit Nachdruck Reformen voran, und so war der Reichsbund in den Bereichen Gesundheit und Rente genauso gefordert wie bei der Versorgung der Kriegsopfer und ihrer Hinterbliebenen, der Integration von Menschen mit Behinderung und nicht zuletzt bei der Absicherung des Pflegefallrisikos. Dabei hatte der Verband keine punktuellen Verbesserungen im Blick, sondern trat für grundlegende strukturelle Reformen ein.

Mit der Situation behinderter und schwerbehinderter Menschen, besonders auf dem Arbeitsmarkt, zeichnete sich Ende der 1980er Jahre ein weiteres wichtiges Handlungsfeld ab. Der Anstieg der Zahl schwerbehinderter Menschen ohne Arbeit von 126.800 im Jahre 1986 auf 134.500 nur zwei Jahre später war ein deutliches Signal für eine Schieflage, zumal gleichzeitig auch die Pflichtquote zur Beschäftigung Schwerbehinderter 1987 auf 4,9 Prozent gefallen war. Gemeinsam mit der Arbeitsgemeinschaft der Deutschen Hauptfürsorgestellen kritisierte der Reichsbund daher immer wieder die mangelnde Bereitschaft besonders privater Arbeitgeber, behinderte und schwerbehinderte Menschen auszubilden beziehungsweise dauerhaft einzustellen. Im Rahmen der Novellierung des Schwerbehindertengesetzes gelang es dem Reichsbund 1986, gemeinsam mit den Gewerkschaften, Abschwächungen beim Kündigungsschutz für behinderte Menschen ebenso zu verhindern wie die Einführung eines arbeitsplatzbezogenen Schwerbehindertenbegriffs. Rückenwind erhielt der Reichsbund parteiübergreifend von verschiedenen politischen Persönlichkeiten, wie Bundesarbeitsminister Norbert Blüm.

Neben der beruflichen Integration von Behinderten war der Reichsbund auch bemüht, durch verstärkte Barrierefreiheit das Alltagsleben von behinderten Menschen deutlich zu erleichtern. Dabei strebte der Reichsbund eine möglichst umfassende Lösung an und lehnte vereinzelte gesetzgeberische Maßnahmen ab. Um den Druck in dieser Frage zu erhöhen, forderte der Reichsbund Anfang 1990 zusammen mit dem Deutschen Mieterbund und anderen Organisationen zunächst verstärkte Anstrengungen auf Bundes- und Landesebene, um den Bau behindertengerechter Wohnungen zu erleichtern. Um seine Mitglieder umfassend über die konkreten Ergebnisse der Verbandsarbeit auf allen Ebenen zu informieren, brachte und bringt der Reichsbund bis heute zahlreiche Ratgeber und Informationsschriften heraus, wie beispielsweise den 1991 bereits in der 8. Auflage erschienenen „Leitfaden für Behinderte“.

Zudem hatte der Reichsbund die Lebenssituation pflegebedürftiger Menschen und ihrer Angehörigen sowie die Kosten- und Leistungsentwicklung der gesetzlichen Renten- und Krankenversicherung im Blick: Über das letzte große sozialpolitische Handlungsfeld, die Absicherung des Pflegefallrisikos, wurde in Deutschland bereits seit Anfang der 1980er Jahre öffentlich diskutiert. Der Reichsbund begleitete diese Debatte von Anfang an intensiv und stellte 1985 im Papier „Vorschläge zur Verbesserung der sozialen Sicherung bei Pflegebedürftigkeit“ seine Position dar: Durch ein eigenes Bundesleistungsgesetz sollten demnach pflegebedürftige

Menschen und deren Angehörige nicht nur finanziell bessergestellt, sondern auch die Qualität der Pflege gesichert werden. Darüber hinaus sollten die Arbeits- und Lohnbedingungen der Pflegekräfte verbessert werden. Mit dieser tiefgreifenden Konzeption zur Absicherung des Pflegefallrisikos und gleichzeitiger Aufwertung der Pflegeberufe brachte sich der Reichsbund in die Debatte ein. Dem langjährigen Engagement von Gewerkschaften, Reichsbund und anderen Verbänden in diesen Fragen ist es maßgeblich zu verdanken, dass sich die Bundesregierung Ende 1991 darauf festlegte, einen Gesetzentwurf zur Absicherung bei Pflegebedürftigkeit vorzulegen. Während der dazu notwendigen Verhandlungen und Verbandsanhörungen machte der Reichsbund klar, dass die Absicherung des Pflegefallrisikos eine gesamtgesellschaftliche Aufgabe sei. Erneut verwahrte sich der Verband gegen eine Privatisierung. Nach langwierigen Verhandlungen einigte sich die christlich-liberale Koalition am 30. Juni 1992 schließlich auf die Einführung einer umlagefinanzierten Pflegeversicherung.

Im Herbst 1987 konkretisierte die Bundesregierung dann die Eckpunkte für das „Gesundheitsreformgesetz“. Ziel dieses Maßnahmenpaketes war es, das Gesundheitssystem um gut 14,5 Milliarden DM zu entlasten. Vorgesehen waren unter anderem die Einführung oder Erhöhung von Zuzahlungen sowie die Streichung von „Bagatell-Arzneien“ aus dem Leistungskatalog und Kürzungen beim Zuschuss für Brillen und beim Sterbegeld. Dass diese Kostensenkungspolitik jedoch hauptsächlich zu Lasten von Patienten und Versicherten gehen sollte, kritisierte der Reichsbund als sozial ungerecht und mahnte stattdessen tiefgreifende strukturelle Reformen im Gesundheitswesen an. Damit lag der Reichsbund auf einer Linie mit den Krankenkassen und der Opposition. Zum „Tag des Reichsbundes“ am 10. September 1988 in Oldenburg setzte der Reichsbund mit einer Kundgebung mit über 12.000 Teilnehmenden ein Zeichen gegen das Gesundheitsreformgesetz. Letztlich blieben die Bemühungen des Reichsbundes jedoch ohne Erfolg, und die regierende CDU/CSU/FDP-Koalition beschloss am 25. November 1988 das Gesundheitsreformgesetz, das zum 1. Januar des Folgejahres in Kraft trat.

Parallel zur Debatte um das Gesundheitsreformgesetz verstärkte sich Ende der 1980er Jahre die öffentliche Diskussion um Änderungen im Rentensystem. Da bereits die Rentenneuregelungsgesetze Ende der 1970er Jahre Leistungskürzungen beinhaltet hatten, war der Reichsbund darauf bedacht, die Ausgestaltung der geplanten Rentenreform von vornherein aktiv zu begleiten, um Rentenabbau sowie Fehlentwicklungen zu Lasten der Versicherten und Rentner zu verhindern.

Die 11. Reichsbund-Bundestagung vom 24. bis 26. November 1987 in Berlin stand deutlich im Zeichen des 70-jährigen Bestehens des Reichsbundes, dessen jahrzehntelanges sozialpolitisches Engagement nicht nur Bundeskanzler Dr. Helmut Kohl würdigte.

Im Sinne der sozialen Gerechtigkeit untermauerte der Reichsbund auf der Tagung unter dem Titel „70 Jahre Kampf für soziale Gerechtigkeit" seine Bereitschaft zur ausgewogenen sozialpolitischen Gestaltung, um Chancengleichheit für alle gesellschaftlichen Gruppen herzustellen. Obwohl es dem Reichsbund bei den großen sozialpolitischen Herausforderungen der 1980er Jahre nicht gelang, Sozialabbau gänzlich zu verhindern, so zeigte sich doch, wie handlungsfähig der Verband bei diesen Fragen war und wie wichtig seine Mitarbeit bei der Ausgestaltung von Gesetzestexten war.

Die enge Zusammenarbeit von Bundesebene, Landes- und Ortsverbänden zeigte auch, wie gut der Reichsbund in seinen Verbandsstrukturen funktionierte und wie intensiv er seine Mitglieder in die Arbeit einbezog und sie über sozialpolitische Entwicklungen informierte. Aus den Debatten und Gesetzesverfahren zwischen der Mitte der 1980er Jahre bis in die frühen 1990er Jahre ging der Reichsbund so deutlich gestärkt hervor und war seiner Rolle als traditionsreicher Sozialverband gerecht geworden.

Doch nicht nur sozialpolitisch wurde das modernere, weitere Spektrum der Verbandsarbeit erkennbar. Mit der Umbenennung des Verbandes in „Reichsbund der Kriegs- und Wehrdienstopfer, Behinderten, Sozialrentner und Hinterbliebenen e. V." wurde der Adressatenkreis um die wichtige Gruppe der Wehrdienstopfer erweitert. Auch das Verbandslogo wurde modernisiert und die Reichsbund-Zeitung erschien ab Juli 1988 im neuen Layout.

Damit war der neue Kurs des Reichsbundes auch in der Außendarstellung sichtbar.

# Die 90er Jahre
# und die deutsche Wiedervereinigung – Herausforderungen und Gestaltungsmöglichkeiten

Während sich der Reichsbund intensiv in die Ausgestaltung der großen sozialpolitischen Reformen und Gesetzgebungsverfahren in der Bundesrepublik einbrachte, zog seit Mitte der 1980er Jahre Tauwetter über das durch den Eisernen Vorhang geteilte Europa:

In Polen bildete sich die freie Gewerkschaft „Solidarność" Ungarn unternahm vorsichtige Schritte in Richtung Marktwirtschaft und der neue sowjetische Generalsekretär Michael Gorbatschow schwenkte auf einen politisch liberaleren Kurs ein, der als „Perestroika" und „Glasnost" in die Geschichte eingehen sollte. Als Folge öffnete Ungarn seine Grenzen und ermöglichte Tausenden von DDR-Bürgern zwischen August und November 1989 über die „grüne Grenze" die Ausreise in den Westen.

Gleichzeitig organisierten Oppositionsgruppen in verschiedenen Städten der DDR Protestmärsche, auf denen die Bürger ihrem Unmut über die gesellschaftlichen Verhältnisse Luft machten und mit Parolen wie „Wir sind das Volk" und „Wir bleiben hier" tiefgreifende politisch-gesellschaftliche Reformen forderten.

Schnell weiteten sich die Kundgebungen zu Massendemonstrationen aus und erschütterten das politische System der DDR. Auf die Ablösung Erich Honeckers als Generalsekretär der SED und Staatsratsvorsitzender folgte am 9. November 1989 die Grenzöffnung, bevor am 7. Dezember die ersten Reformgespräche mit der Opposition am „runden Tisch" begannen.

Die neue aus vorgezogenen Parlamentswahlen im März 1990 hervorgegangene christlich-liberale Regierung der DDR unter dem CDU-Vorsitzenden Lothar de Maizière begann schließlich Verhandlungen über eine Währungs-, Wirtschafts- und Sozialunion mit der Bundesrepublik.

Zum 1. Juli 1990 trat zunächst ein Staatsvertrag in Kraft, der unter anderem die Einführung der D-Mark als Zahlungsmittel in der DDR regelte – ein wesentlicher

Schritt auf dem Weg zur Wiedervereinigung. Dann begannen Verhandlungen über einen zweiten Staatsvertrag, der den Beitritt der DDR zur Bundesrepublik zum Inhalt hatte. In der Nacht vom 22. auf den 23. August 1990 beschloss die Volkskammer der DDR dann mit 294 von 400 Stimmen den Beitritt der DDR zur Bundesrepublik zum 3. Oktober 1990.

In ganz Deutschland wurde die Wiedervereinigung ausgelassen gefeiert und mit einem Staatsakt zum Tag der Deutschen Einheit am 3. Oktober in Berlin auch staatspolitisch begangen.

Nach der damit vollzogenen territorialen und politischen Einheit der beiden deutschen Staaten ging es nun darum, die wirtschaftlichen und sozialen Strukturen in ganz Deutschland anzugleichen und den schwierigen und langwierigen Weg zur vollständigen „inneren Einheit" zu beschreiten.

## Reichsbund in den „neuen Bundesländern"

Mit vielen Veranstaltungen feierten der Reichsbund und seine Mitglieder die Wiedervereinigung. Zugleich mahnte der Verband aber die soziale Sicherheit in den neuen Bundesländern an und wies auf die zahlreichen Herausforderungen im Zuge der Wiedervereinigung hin.

Die Grundlagen für eine Fortsetzung der erfolgreichen Verbandsarbeit in Ost- und Westdeutschland hatte der Reichsbund frühzeitig gelegt: Bereits kurz nach Öffnung der DDR-Grenzen am 9. November 1989 stellte der Reichsbund Plätze in seinem Erholungsheim in Bad Sachsa zur Verfügung, um aus dem großen Zustrom von DDR-Übersiedlern wenigstens einigen eine vorübergehende Bleibe anbieten zu können. Die Rechtsberatungsstellen wurden zudem aufgefordert, sich vertieft mit den Leistungen des Eingliederungsgeldes für Aus- und Übersiedler vertraut zu machen, um im Bedarfsfall schnell und unbürokratisch beraten zu können. Tatsächlich verzeichnete die Geschäftsstelle des Landesverbandes Berlin schon wenige Tage nach Grenzöffnung einen regen Zulauf von DDR-Bürgern, die sich umfassend beraten ließen.

Zusätzlich verstärkte der Reichsbund seine Presse- und Öffentlichkeitsarbeit, um seine sozialpolitischen Standpunkte und Forderungen auch direkt in Richtung der DDR und seiner Bürger zu kommunizieren, und gab im Mai 1990 die Broschüre „Informationen für DDR-Bürger" heraus.

Auf organisatorischer Ebene unterstützten die grenznahen Reichsbund-Landesverbände tatkräftig die Gründung von Behindertengruppen in der DDR. Viele dieser

Gruppen erklärten ihre Bereitschaft, dem Reichsbund zum Termin der Deutschen Wiedervereinigung beizutreten.

Allerdings leistete der Reichsbund nicht nur wichtige Unterstützung bei der Gründung von Interessengruppen in der DDR. Der Verband schuf auch eigene Organisationsstrukturen, wobei die westdeutschen Landesverbände Pate bei der Gründung von Landesverbänden in der DDR standen:

Als erster wurde am 26. Mai 1990 der Landesverband Thüringen in Erfurt gegründet und Hans-Dieter Müller zu dessen 1. Landesvorsitzenden gewählt.

Im Juni 1990 gründeten sich zuerst mehrere Kreisverbände in Brandenburg, bevor diese auf dem Landesverbandstag am 19. und 20. April 1991 in Berlin mit dem bestehenden Landesverband Berlin zum Landesverband Berlin-Brandenburg fusionierten.

Heinz Zimmermann wurde zum 1. Landesvorsitzenden des am 10. Juli 1990 in Chemnitz neu gegründeten Landesverbandes Sachsen gewählt.

Dazu kamen die Gründungen der Landesverbände Mecklenburg-Vorpommern mit dem 1. Landesvorsitzenden Horst Bauer am 26. Juli in Rostock und Sachsen-Anhalt am 11. Juni 1990 in Magdeburg.

Parallel zu den ostdeutschen Landesverbänden bildeten sich, vielfach aus ehrenamtlichem Engagement, zahlreiche Kreis- und Ortsverbände. Die Landeskonferenzen, die ab 1991 in den neuen Ländern zur Vorbereitung der 12. Bundestagung durchgeführt wurden, trugen entscheidend zur Festigung der neuen Verbandsstrukturen und zur sozialpolitischen Positionierung bei.

Für die konkrete Arbeit mit behinderten Menschen und die Stärkung ihrer beruflichen Chancen war die Eröffnung des Berufsbildungswerks Stendal mit zunächst 114, später 270 Ausbildungsplätzen am 9. September 1991 von wesentlicher Bedeutung.

Mit der erfolgreichen Gründung von ostdeutschen Landesverbänden, die 1991 bereits 44.510 Mitglieder hatten, und der Schaffung von Einrichtungen zur Qualifizierung von Behinderten ging der Reichsbund wichtige Schritte auf dem Weg zur Angleichung der Lebensbedingungen in ganz Deutschland und setzte so seine lange Tradition als gesamtdeutscher Sozialverband fort.

*Erfolgreiche Gründung von ostdeutschen Landesverbänden setzt die Tradition für Angleichung der Lebensbedingungen in ganz Deutschland fort*

Für den Reichsbund war auch die Sicherung vermögensrechtlicher Ansprüche auf dem Gebiet der ehemaligen DDR wichtig. Tatsächlich wurde nach langjährigen Bemühungen das Grundstück des früheren Reichsbund-Hauses in Berlin-Mitte, Rolandufer 6 im Februar 1999 auf den Sozialverband Reichsbund rückübertragen, was zum 30. Oktober 2000 auch im Grundbuch eingetragen wurde.

## Die Einheit sozial mitgestalten

Grundsätzlich begrüßte der Reichsbund das von Bundeskanzler Dr. Helmut Kohl am 28. November 1989 vorgelegte 10 Punkte-Programm zur Deutschlandpolitik, mit dem vorrangigen Ziel der Wiedervereinigung beider deutscher Staaten.

Auf der Bundeskonferenz vom 17. Februar 1990 in Königswinter forderte der Reichsbund mit seinem neu gewählten 1. Bundesvorsitzenden Prof. Dr. Walter Franke jedoch, die angestrebte Wiedervereinigung sozial fair auszugestalten und eine Verteilungsgerechtigkeit bei allen finanziellen Belastungen zu gewährleisten. Dabei hatte der Reichsbund besonders die Kriegsopfer, die behinderten Menschen sowie die Rentnerinnen und Rentner in Ostdeutschland im Blick.

Auch die gleichberechtigte Versorgung der ostdeutschen Kriegsopfer und Hinterbliebenen wurde zu einem Kernthema der sozialpolitischen Arbeit des Verbandes in den ostdeutschen Bundesländern. So forderte der Reichsbund die Übernahme des Bundesversorgungsgesetzes (BVG) für ostdeutsche Kriegsopfer sowie deren Hinterbliebene. Wegen finanzieller Bedenken innerhalb der Bundesregierung wurde das BVG zunächst nicht übernommen, doch mit der Rentenerhöhung für die anerkannten Kriegsbeschädigten ohne weiteres Einkommen von 470 auf 672 DM zum 30. Juni 1990 konnte der Reichsbund einen ersten Erfolg verbuchen. Der Verband ließ jedoch nicht nach und machte deutlich, dass die rund 310.000 anspruchsberechtigten Kriegsopfer in der DDR nicht das Gefühl haben dürften, Kriegsbeschädigte zweiter Klasse zu sein.

Noch im Sommer 1990 beschloss die Bundesregierung die Übertragung des BVG auf die ostdeutschen Länder ab 1. Januar 1991 – ein großer Erfolg für den Reichsbund. Leider billigte die Bundesregierung den ostdeutschen Kriegsopfern anfänglich nur etwa 40 Prozent der in Westdeutschland gewährten Entschädigungsleistungen zu. Und so bemühte sich der Reichsbund weiterhin um eine leistungsmäßige

Gleichstellung der ostdeutschen Kriegsopfer. Erst ein Verfahren des Verbandes vor dem Bundesverfassungsgericht, angestrebt vom 1. Landesvorsitzenden des Landesverbandes Thüringen Fritz Schumann, endete am 14. März 2000 mit einem Urteil, nach dem die Beschädigtengrundrente für Kriegsopfer in den neuen Ländern rückwirkend zum 1. Januar 1999 auf westdeutsches Niveau angehoben werden musste.

Besondere Anstrengungen unternahm der Reichsbund auch bei der Wahrung der Interessen von behinderten und schwerbehinderten Bürgern in Ostdeutschland. Neben der Unterstützung der neu gegründeten Initiativen für behinderte Menschen in Ostdeutschland legte der Verband den Schwerpunkt der eigenen Aktivitäten auf die berufliche Situation der behinderten und schwerbehinderten Menschen in Ostdeutschland. Nach intensiver politischer Arbeit, mit zahlreichen Gesprächen und Aktionen, die der Reichsbund und befreundete Organisationen führten, wurde das Schwerbehindertengesetz schließlich in den 2. Staatsvertrag aufgenommen und galt ab 1. Januar 1991 auch im Gebiet der ehemaligen DDR. Mit gleichem Engagement setzte sich der Reichsbund für die Absicherung der Rentner in Ostdeutschland ein, die 1987 mit einer durchschnittlichen Altersrente von monatlich rund 380 Mark auskommen mussten, was etwa 40 Prozent des Durchschnittsnettoverdienstes entsprach. Der Bundestag stimmte schließlich der Übertragung des westdeutschen Rentenrechts auf die neuen Bundesländer ab dem 1. Januar 1992 zu. Im Frühjahr 1990 startete der Verband seine „Reichsbund-Offensive 90“, um bei vielen Kundgebungen mit Tausenden Teilnehmern auf die sozialen Herausforderungen aufmerksam zu machen, die mit dem Prozess der Wiedervereinigung verbunden waren.

Die in den Einigungsprozess einbezogenen Regelungen zur Sozialhilfe wurden vom Reichsbund besonders hinsichtlich der Höhe der Regelsätze kritisch begleitet. Hatte der damalige Reichsbund maßgeblich daran mitgewirkt, mit dem Bundessozialhilfegesetz (BSHG) einen Rechtsanspruch auf solidarische Hilfeleistungen zu verwirklichen, so war dieses System ab Anfang der 1980er Jahre aufgrund der schwachen Konjunktur mit anhaltend hoher Arbeitslosigkeit einer starken Beanspruchung ausgesetzt: Allein zwischen 1980 und 1987 hatte sich der Sozialhilfeaufwand verdoppelt. So begrüßte der Reichsbund zwar die Einführung eines neuen statistischen Bedarfsbemessungssystems zur Berechnung der Sozialhilfesätze. Doch kritisierte er auch die stufenweise Einführung ebenso wie die unterschiedliche Höhe der Sozialhilferegelsätze in Ost und West. Dennoch trat diese Regelung zum 1. Juli 1990 in Kraft.

## Vielfältiges Engagement für ein soziales Europa

Für den Reichsbund galt es nun, sich als gesamtdeutscher Verband für Frieden sowie gleichwertige und sozial gerechte Lebensverhältnisse nicht nur in Deutschland, sondern vielmehr auch im enger zusammenwachsenden Europa einzusetzen.

Schon während der 11. Bundestagung im November 1987 hatte sich der Reichsbund mit seinem Friedensappell für eine Fortsetzung der Entspannungs- und Abrüstungspolitik ausgesprochen. Ab 1988 begleitete der Reichsbund dann den politischen Prozess, der mit den Verträgen von Maastricht in der Gründung der Europäischen Union mündete. Dabei verstand der Reichsbund Europa jedoch nicht nur als Wirtschaftsgemeinschaft mit einem gemeinsamen Binnenmarkt. Von wesentlicher Bedeutung war die soziale Gestaltung Europas, ohne die die Bürger der politischen und wirtschaftlichen Idee des Einigungsprozesses wenig Zustimmung entgegenbringen würden. Europa müsse den Menschen dienen und im Zeichen der sozialen Gerechtigkeit und des sozialen Fortschritts stehen. In dem am 16. März 1989 vom Bundesvorstand verabschiedeten Grundsatzpapier „Perspektiven einer europäischen Sozialpolitik – Grundpositionen des Reichsbundes zur Gestaltung der sozialen Sicherung in der Europäischen Gemeinschaft" konkretisierte der Verband seine Vorstellungen und forderte eine an den Interessen des Menschen ausgerichtete europäische Sozialpolitik, bei der eine Harmonisierung der unterschiedlichen Sozialsysteme nur auf höchstem Niveau vollzogen wird.

Die Arbeit des Reichsbundes ging jedoch über die europäische Bühne hinaus. Mit seinem Engagement im Internationalen Verband der behinderten Menschen (FIMITIC) und im Weltverband der ehemaligen Kriegsteilnehmer (WVF) war der Reichsbund in zwei wesentlichen globalen Institutionen vertreten. So war der 1. Bundesvorsitzende des Reichsbundes Hermann Meyer bis zu seinem Rücktritt 1988 FIMITIC-Präsident und Harro Schulz, Mitglied des Reichsbund-Bundesvorstandes, wurde im Oktober 1989 FIMITIC-Vizepräsident.

Weitergehende Kontakte unterhielt der Reichsbund zudem zu anderen europäischen Verbänden, wie dem Bund der niederländischen Militär- und Wehrdienstopfer (BNMO) und den im Dachverband UFC zusammengeschlossenen französischen Kriegsteilnehmer- und Kriegsopferorganisationen. Auch zum Verband der finnischen Kriegsinvaliden, dem Sowjetischen Komitee der Kriegsveteranen (SKKV) und dem polnischen Verband der Kämpfer für Freiheit und Demokratie (ZBoWiD) hatte der Reichsbund Verbindungen. Schwerpunkt der gemeinsamen Arbeit war dabei die aktive Erinnerung der internationalen Staatengemeinschaft, den Frieden zu sichern und die Abrüstung voranzubringen. Neben dem fachlichen Austausch und der Kontaktpflege auf internationaler Verbandsebene, engagierte sich der Reichsbund auch ganz konkret mit einer großen Hilfsaktion für notleidende Menschen in Russland, Kroatien, der Ukraine und Albanien.

Die im Rahmen der Aktionen gesammelten Sachspenden wie Bekleidung, orthopädische Hilfsmittel und Haushaltsgegenstände wurden an die jeweiligen Partnerverbände der Länder übergeben und kamen so direkt den Hilfsbedürftigen zugute.

## Organisatorische Entwicklung

Bei den Neuwahlen zum Bundesvorstand auf der 12. Reichsbund-Bundestagung „Für ein soziales Deutschland und ein soziales Europa“ wurden der 1. Bundesvorsitzende Prof. Dr. Walter Franke, die 2. Bundesvorsitzenden Sophie Goetzke und Hans Fiedler sowie Bundesschatzmeister Theodor Mülder erwartungsgemäß in ihren Ämtern bestätigt. Nicht nur die Erweiterung des Verbandes in den ostdeutschen Bundesländern war prägend für die verbandsinterne operative Arbeit. Auch die Beschlüsse der 12. Bundeskonferenz zur Anwendung der Großvereinsregelung ab dem 1. Januar 1992 waren von erheblicher Relevanz für die Verbandsstruktur. Danach wurden der Bundesverband, jeder Landesverband, jeder Kreis- und Bezirksverband sowie jede Ortsgruppe als selbstständige Steuersubjekte behandelt und die steuerrechtliche Verantwortlichkeit sowie die Vermögenswerte der Untergliederungen des Verbandes entscheidend gestärkt. Intensive Schulungen und ein detailliertes Handbuch bereiteten Mitglieder und Mitarbeiter auf die Umstellungen und damit einhergehende Rechtsfragen vor.

*Verankerung des Frauenausschusses bringt Gleichberechtigung*

Eine weitere wichtige auf der 12. Bundesverbandstagung beschlossene Neuerung war die nun auch satzungsmäßige Verankerung des Frauenausschusses. Dieser stand nun gleichberechtigt neben dem Sozialpolitischen Ausschuss und dem Organisationsausschuss und wurde zum wichtigen Impulsgeber bei frauen- und familienpolitischen Themen im Reichsbund. Ein wichtiges Signal, denn immerhin war die Mehrzahl der Reichsbund-Mitglieder weiblich.

Neben aller politischen Auseinandersetzung und verbandsinternen Änderungen bot das Jahr 1992 auch Gelegenheit zu feiern: Mit zahlreichen Veranstaltungen auf Bundes-, Landes-, Kreis- und Ortsebene beging der Reichsbund sein 75-jähriges Jubiläum und blickte auf sein jahrzehntelanges Engagement für soziale Gerechtigkeit zurück, ohne dabei die aktuellen sozialpolitischen Themen außer Acht zu lassen.

Die zentrale Festveranstaltung des Bundesvorstandes fand am 30. Mai 1992 mit rund 1.000 Teilnehmerinnen und Teilnehmern aus allen Bundesländern in Baunatal bei Kassel unter dem Motto „75 Jahre Reichsbund – Dein Sozialpartner“ statt. Und auch in den Landesverbänden wurde das Jubiläum mit zahlreichen Veranstaltungen würdig gefeiert. So wurden die Feierlichkeiten zum Verbandsjubiläum auf Bundes- und Landesebene genutzt, um nicht nur auf die erfolgreiche Verbandsgeschichte zurückzublicken, sondern der aktuellen sozialpolitischen Lage Raum zu geben und die Positionen des Reichsbundes zu betonen.

## In memoriam

Am 15. Januar 1995 verstarb 71-jährig der frühere langjährige 1. Bundesvorsitzende Hermann Meyer, dessen umfassendes Wirken für den Reichsbund vom Bundesvorstand ebenso gewürdigt wurde wie die Verdienste des Reichsbund-Gründungsmitglieds Erich Zimmermann, der über 70 Jahre in vielfachen führenden Funktionen für den Reichsbund tätig war und 100-jährig am 6. Februar 1995 vom Reichsbund das letzte Geleit erhielt.

Die 250 Anträge, die von der Bundestagung bearbeitet wurden, spiegeln nicht nur das große Engagement der Delegierten und der Landesverbände bei der Ausgestaltung der Verbandsarbeit wider. Sie gingen auch in die Überarbeitung des sozialpolitischen Programms sowie der frauen- und jugendpolitischen Programme ein, die als Leitlinien für die Arbeit der kommenden Jahre dienten und von der Bundestagung einstimmig verabschiedet wurden.

## 13. Bundestagung

Auf der 13. Bundestagung „Für eine sozial gesicherte Zukunft" – die vom 8. bis 10. November 1995 in Travemünde statt fand wurde nicht nur Prof. Dr. Walter Franke erneut zum 1. Bundesvorsitzenden gewählt sondern auch die Umbenennung in Sozialverband Reichbund beschlossen. Ebenso wurden Hans Fiedler und Theodor Mülder in ihren Ämtern als 2. Bundesvorsitzende bestätigt. Die Neuwahl des Bundesvorstandes brachte ebenfalls große personelle Änderungen, da sich 16 der 36 Mitglieder aus Gesundheits- oder Altersgründen nicht mehr zur Wahl stellten.

Neben dem grundsätzlichen Bekenntnis zur Solidarität und sozialen Gerechtigkeit als Grundlage für sozialen und inneren Frieden, stellte sich der Sozialverband Reichsbund in seinen Programmen hinter die beitrags- und leistungsbezogene Rente, die Prinzipien der Solidarität und Sachleistung in der gesetzlichen Krankenversicherung und forderte eine qualitativ hochwertige Pflege.

Insgesamt steuerte der Sozialverband Reichsbund nach der 13. Bundeskonferenz personell und strukturell unruhigen Zeiten und großen Veränderungen entgegen. Schon am 29. November 1996 legte Prof. Dr. Walter Franke nach einem internen Streit im Bundesvorstand über Fragen des Geschäftsablaufes sein Amt als 1. Bundesvorsitzender nieder. Zu seinem Nachfolger bestimmte der Bundesvorstand am 1. Februar 1997 Hans Fiedler, dem Peter Vetter als 2. Bundesvorsitzender folgte.

*„Ein Sozialstaat ohne den Reichsbund ist für mich undenkbar"*

Neben diesen tiefgreifenden personellen Änderungen an der Verbandsspitze gab es im Frühjahr 1997 Grund zum Feiern: Am 23. Mai 1997 beging der Sozialverband Reichsbund mit einer großen Veranstaltung im Internationalen Congress Centrum in Berlin sein 80-jähriges Jubiläum. Bundesarbeitsminister Dr. Norbert Blüm dankte dem Sozialverband-Reichsbund dabei für sein umfassendes Wirken und resümierte: „Ein Sozialstaat ohne den Reichsbund ist für mich undenkbar."

Im Jahr 1998 nahm dann der Sozialverband Reichsbund die größte Verbandsreform der letzten Jahrzehnte in Angriff. Für den 19. September lud der Bundesvorstand zu einer Bundeskonferenz, um Änderungen in Satzung und Struktur des Sozialverband Reichsbund zu beschließen und damit den Weg für ein zukunftsweisendes Vorhaben zu ebnen: die Fusion mit dem VdK. Erwartungsgemäß positionierte sich der Bundesvorstand positiv gegenüber dem in der Zwischenzeit angelaufenen Fusionsverfahre. Ferner diente die Konferenz der Vorbereitung der für das Jahr 1999 angestrebten Bundestagung, auf der die Fusion letztlich verbindlich beschlossen werden sollte.

Zunächst beschlossen die 98 Delegierten der Bundeskonferenz wichtige Satzungsänderungen, wie die Verringerung der Delegiertenzahl künftiger Bundestagungen und die Verkleinerung des Bundesvorstandes von 36 auf 28 Mitglieder. Außerdem wurden die bisherigen Titel 1. Bundesvorsitzende/r bzw. 2. Bundesvorsitzende/r in Präsident/in und Vizepräsident/in geändert. Auf Antrag mehrerer Landesverbände wurden zudem Satzungsänderungen beschlossen, die Landesverbänden künftig die Möglichkeit der Verselbstständigung einräumten. Hiermit wurde die Voraussetzung für eine der wesentlichsten zukünftigen Veränderungen in der Struktur des Verbandes geschaffen.

## Fusionsverhandlungen mit dem VdK

Nach ersten Gesprächen zwischen dem Reichsbund und dem VdK 1995 hatte die 13. Bundestagung den Auftrag zur Intensivierung der Verhandlungen zwecks Fusion gegeben. Ziel war es, durch einen Zusammenschluss wirtschaftliche Impulse zu erzielen, vor allem aber die politische Arbeit deutlich stärken zu können.

Daher setzte der Bundesvorstand am 30. November 1995 die Kommission „Zusammenarbeit mit dem VdK“ unter Leitung von Bundesvorstandsmitglied Friedrich-Wilhelm Herkelmann ein. Es folgten intensive Gespräche mit dem VdK. Dabei waren Fragen zum gemeinsamen Organisationsnamen, paritätischen Besetzung der Gremien auf Bundesebene sowie der Regelung der Vermögensverhältnisse und zur Gestaltung einer gemeinsamen Bundesgeschäftsstelle in Berlin von wesentlicher Bedeutung. Zur Untermauerung des beiderseitigen Fusionswillens führten die beiden Verbände gemeinsame Veranstaltungen durch. Schließlich zog im Frühjahr 1998 die Bundesrechtsabteilung des Sozialverband Reichsbund in Räumlichkeiten des VdK-Hauses in Kassel um. Zudem votierte der Bundesverbandstag des VdK im Mai 1998 einstimmig für die Fortsetzung der Fusionsverhandlungen. Anfang 1999 lagen schließlich ein Fusionskonzept und ein Satzungsentwurf für den gemeinsamen Bundesverband vor. Nach wie vor ungelöst waren jedoch die Frage des Organisationsnamens und der paritätischen Besetzung der Gremien. Zusätzlich drohte der VdK-Landesverband Bayern mit einer Loslösung vom Verband. Letztendlich waren, bei allem guten Willen der Beteiligten, die Schwierigkeiten in den Verhandlungen so groß, dass die Kommissionen beider Verbände am 6. Juli 1999 feststellten, dass eine Fusion von VdK und Sozialverband Reichsbund derzeit nicht umsetzbar sei.

*Der Verband erhielt das Grundstück am historischen Verbandssitz zurück*

## Bundesgeschäftsstelle des SoVD in Berlin

Mit einer anderen wesentlichen organisatorischen Änderung schloss die Dekade der 90er auch für den Verband:

Im April 1999 wurde das Grundstück am Rolandufer als Sacheinlage in die Wohnungsbau- und Siedlungsgesellschaft mbH des Sozialverband Reichsbund eingebracht. Kurzum: Der Verband erhielt das Grundstück am historischen Verbandssitz zurück. Nach Planungen des Bundesvorstandes sollte dort innerhalb der nächsten Jahre die neue Bundesgeschäftsstelle des SoVD errichtet werden.

## Die 14. Bundestagung vom 6. bis 8. Oktober 1999 in Celle

Unter dem Motto „Sozialstaat 2000 – solidarisch und gerecht“ fand Anfang Oktober 1999 in Celle die 14. SoVD-Bundestagung statt.

An die Verbandsspitze wurden Hans Fiedler (Niedersachsen) und als dessen Stellvertreterin Marianne Otte (Niedersachsen) sowie Peter Vetter (Berlin-Brandenburg) gewählt. Bundesschatzmeisterin wurde Ingeborg Saffe (Niedersachsen) und Brigitte Pathe (Nordrhein-Westfalen) wurde Sprecherin der Frauen im Bundesverband.

Statt der bisherigen vier Jahre, wurde bei dieser Wahl eine kürzere Wahlperiode von 36 Monaten beschlossen, um zukünftig die Bundestagungen jeweils sechs Monate vor der nächsten Bundestagswahl stattfinden zu lassen. Intention war es, sozialpolitische Themen und die Wahlprogramme der Parteien auch im Rahmen der Bundestagung zu erörtern.

Auf der 14. Bundestagung wurden auch die Anträge zur rechtlichen Verselbstständigung von Landesverbänden sowie zur Vertiefung der Zusammenarbeit mit dem VdK bis hin zu einem weiteren Fusionsversuch verabschiedet. Außerdem beschlossen die Delegierten, den Hauptsitz des SoVD nach Berlin zu verlegen und, pünktlich zur Jahrtausendwende, den Verband in Sozialverband Deutschland e. V. – ehemals Sozialverband Reichsbund umzubenennen. Mit diesem Schritt wurde eine für den Verband intern und extern wesentliche und zukunftsweisende Dekade mit vielen Herausforderungen, aber auch vielen Erfolgen würdig beschlossen. Der Verband war nun seiner Tradition folgend modern aufgestellt, hatte sich stabilisiert und genoss nach den unruhigen Zeiten auch wieder große Anerkennung bei politischen und gesellschaftlichen Partnern.

## Sozialpolitische Themen der 90er

Seit Jahren schon hatte der Reichsbund die Absicherung des Pflegefallrisikos als wichtiges sozialpolitisches Thema auf der Agenda, und die Beschlüsse der 12. Bundestagung bestätigten diese Priorität erneut.

Bereits 1992 erhöhte der Reichsbund den politischen Druck weiter und verwies auf den vielfach bestehenden Pflegenotstand. Die Regierungskoalition war sich jedoch uneins über ein geeignetes Finanzierungsmodell. Der politische Druck auf die Regierungskoalition wurde jedoch so stark, dass diese sich auf die Einführung einer umlagefinanzierten Pflegeversicherung, inklusive einer Kompensationslösung für die Mehrbelastungen der Arbeitgeber, einigte. Das Gesetzespaket fand allerdings nur in Teilen die Zustimmung des Reichsbundes.

Nach Verbandsauffassung waren die Leistungen zu niedrig angesetzt, der Begriff der Pflegebedürftigkeit zu eng gefasst und der Kreis der in die Versicherung einbezogenen Personen durch die Beschränkung auf gesetzlich Krankenversicherte zu eng. Die Einführung von Karenztagen lehnte der Reichsbund grundsätzlich ab, da die kranken und chronisch kranken Menschen künftig den Arbeitgeberanteil der Pflegeversicherung finanzieren sollten und diese Einkommenseinbuße obendrein auf die Rentenanpassung durchschlagen würde. Nach weiteren Verhandlungen einigten sich die Regierungskoalition und die SPD schließlich auf einen Kompromiss zur Finanzierung der Pflegeversicherung sowie deren Inhalte. Am 29. April 1994 stimmte der Bundesrat der Gesetzesvorlage zu, so dass die Pflegeversicherung stufenweise in Kraft treten konnte: Ab dem 1. Januar 1995 wurde ein Beitragssatz von einem Prozent erhoben. Die Leistungen zur häuslichen Pflege wurden dann am

1. April 1995 und die Leistungen zur stationären Pflege ab 1. Juli 1996 gewährt. Zum Ausgleich der Arbeitgeberkosten sollten die Länder einen Feiertag streichen.

Nach jahrelangem politischem Ringen war damit die umlagefinanzierte Pflegeversicherung endlich verwirklicht worden. Wenngleich der Reichsbund diese „zweitbeste Lösung“ begrüßte, so machte der 1. Bundesvorsitzende Prof. Dr. Walter Franke dennoch im Hinblick auf den begrenzten Leistungsumfang deutlich, dass es sich nur um eine „Einstiegslösung“ handeln könne, die der Fortentwicklung bedürfe. Insbesondere auf der Qualitätssicherung in der häuslichen und stationären Pflege liege jetzt nach dem Inkrafttreten der Pflegeversicherung das Augenmerk des Reichsbundes.

Seinen Mitgliedern bot der Reichsbund über die Bundesgeschäftsstelle umfassendes Informationsmaterial an und führte für die haupt- und ehrenamtlichen Mitarbeiter sozialrechtliche Schulungen durch, um sie auf den hohen Beratungsbedarf der Mitglieder in Sachen Pflegeversicherung vorzubereiten. Dieser war sowohl bei der Antragstellung selbest als auch bei der Überprüfung der Begutachtungsverfahren erheblich. Dabei kritisierte der Reichsbund die Dauer der Verfahren und forderte eine bessere Ausbildung der begutachtenden Ärzte. Schnell stellte sich heraus, dass die neuen Leistungen nicht zu Unklarheiten bei der Zuständigkeit der verschiedenen Träger zu Lasten der Patienten führen durften. Dies galt insbesondere für das Verhältnis zwischen Krankenversicherung und Sozialhilfe, wenn es darum ging, pflegebedürftigen Menschen in Heimen aus dem Sozialhilfebezug herauszuführen und die Sozialhilfe damit finanziell zu entlasten.

Zur Klärung dieser Konfliktfelder trat, nach langen Verhandlungen im Vermittlungsausschuss, das „1. SGB-XI-Änderungsgesetz“ zum 1. Juli 1996 in Kraft. Es enthielt die vom Sozialverband Reichsbund ausdrücklich begrüßte gesetzliche Klarstellung, dass die Leistungen der Eingliederungshilfe für behinderte Menschen nach dem Bundessozialhilfegesetz im Verhältnis zur Pflegeversicherung nicht nachrangig sind, sowie die grundsätzliche Festlegung, dass Sozialhilfebezieher, die zu dieser Zeit in Pflegeheimen lebten, weiterhin Hilfe zur Pflege vom Sozialamt beanspruchen konnten, ohne über eine Pflegestufe nach dem SGB XI zu verfügen. Auch die im Gesetz festgelegte Sicherung und Fortführung des sogenannten „Arbeitgebermodells“ zur Stärkung der selbstorganisierten Pflege und damit eines selbstbestimmten Lebens pflegebedürftiger und behinderter Menschen fand die Zustimmung des Verbandes. Gleichzeitig machte der Sozialverband Reichsbund jedoch deutlich, dass die Pflegeversicherung nicht dazu geeignet war, einer fortschrittlichen Behindertenpolitik in ihrer notwendigen Tiefe gerecht zu werden.

Auch war für den Sozialverband Reichsbund von Anfang an klar, dass eine erfolgreiche Pflegeversicherung nicht nur davon abhing, die Finanzierung der steigenden Pflegekosten in den Griff zu bekommen und die Sozialhilfeträger zu entlasten. Vielmehr galt es, die Bemühungen darauf auszurichten, die Lebenssituation der pflegebedürftigen Menschen und der Pflegenden insgesamt dauerhaft zu verbessern sowie eine qualitativ hochwertige Pflege im häuslichen wie auch im stationären Bereich zu gewährleisten. Insofern stellte der Sozialverband Reichsbund die Selbstbestimmung und Würde pflegebedürftiger Menschen in den Mittelpunkt seiner Bemühungen, die Pflegeversicherung weiterzuentwickeln.

## *Berichte über Misstände führt zur Durchführung einer Umfrage zum Thema Gewalt und Misshandlungen in der Pflege*

Nachdem sich in den Jahren 1996 und 1997 Berichte über schwere Missstände in deutschen Pflegeheimen gehäuft hatten nahm sich der Sozialverband Reichsbund des Themas verstärkt an und beschloss im September 1997, mit Hilfe der Landesverbände eigene Recherchen durchzuführen. Im November 1997 startete der Sozialverband Reichsbund in der Verbandszeitung daher bei seinen Mitgliedern eine Umfrage zum Thema Gewalt und Misshandlungen in der Pflege.

Im Ergebnis brachte die Umfrage eine Flut von Zuschriften betroffener Mitglieder und ihrer Familien, die zum Teil von schweren Missständen berichteten. Hinzu kamen Schilderungen von Pflegefachkräften, die ihrerseits über die vielfach schlechten Arbeitsbedingungen und erheblichen Personalmangel informierten. In Gesprächen mit dem Berufsverband der Altenpflegeberufe und dem Kuratorium Deutsche Altershilfe wurde dieser Eindruck bestätigt und deutlich, dass Politik und Verwaltung der Problematik weitgehend passiv gegenüberstanden.

Umso notwendiger war es für den Sozialverband Reichsbund, sich des offensichtlich großen Handlungsbedarfs bei der Qualitätssicherung in der Pflege wirksam anzunehmen. Hier galt es wieder einmal, nicht nur die Politik, sondern auch die Gesellschaft insgesamt für die Problematik zu sensibilisieren.

Schon Ende 1997 hatte der Sozialverband Reichsbund die Initiative ergriffen und gemeinsam mit dem Kuratorium Deutsche Altershilfe e. V. (KDA), dem Deutschen Berufsverband für Altenpflege e. V. (DBVA), der Bonner Initiative gegen Gewalt im Alter „Handeln statt Misshandeln (HsM)" und dem Münchner Arbeitskreis gegen Menschenrechtsverletzungen einen Gesprächskreis ins Leben gerufen, aus dem schließlich die „Aktion gegen Gewalt in der Pflege (AGP)" hervorging.

Parallel zu den Initiativen zur Sicherung der Qualität in der Pflege war der Sozialverband Reichsbund auch in weitere gesetzgeberische Schritte zur Fortentwicklung der Pflegeversicherung eingebunden. So stimmte der Verband dem am 21. April 1999 vorgestellten Gesetzentwurf für ein Viertes Gesetz zur Änderung des Elften Buches Sozialgesetzbuch (4. SGB-XI-Änderungsgesetz) weitgehend zu. Dies galt insbesondere für die Erhöhung der Höchstbeiträge bei teilstationärer Tages- und Nachtpflege, die Übertragung der Finanzierung der Pflegepflichteinsätze auf die Pflegekassen sowie für Verbesserungen bei den Leistungsvoraussetzungen der Kurzzeitpflege und beim Bezug des Pflegegeldes. Am 1. August 1999 trat das 4. SGB-Änderungsgesetz dann in Kraft. Gleichzeitig mahnte der Sozialverband Reichsbund jedoch auch Schritte zum bedarfsgerechten Ausbau der Versorgung von dementen pflegebedürftigen Menschen an. 2002 fand auch diese Forderung schließlich Eingang in das Pflegeleistungs-Ergänzungsgesetz (PflEG).

Seit Mitte der 1990er Jahre hatte sich der Sozialverband Reichsbund mit viel Engagement für die Pflegeversicherung sowie die Qualitätssicherung der häuslichen und stationären Pflege eingesetzt und dabei wichtige Erfolge zur Verbesserung der Situation von Pflegebedürftigen und Pflegekräften verbucht.

Bereits in der Frühphase der Diskussion um die Schaffung der Pflegeversicherung im Herbst 1991 zeichnete sich auch bei den gesetzlichen Krankenversicherungen Reformbedarf ab. Und damit ein weiterer Bereich, in dem sich der Reichsbund im Sinne einer sozial gerechten Politik engagierte. Denn erstmals seit dem Gesundheitsreformgesetz 1989 überstiegen die Ausgaben der Krankenkassen Ende 1991 deren Einnahmen.

Ein von Bundesgesundheitsministerin Gerda Hasselfeldt in Auftrag gegebenes Gutachten kam zu dem Schluss, dass mittelfristige Beitragssatzstabilität nicht mehr ohne Beeinträchtigung des medizinischen Versorgungsniveaus zu erreichen sein würde. Als Gegenmaßnahmen wurde unter anderem vorgeschlagen, die zuletzt stark gestiegene Anzahl der zugelassenen Ärzte zu begrenzen sowie die Selbstbeteiligungen und Leistungsausgrenzungen zu verstärken.

Daraufhin kam es innerhalb der Regierungskoalition zu heftigen Diskussionen um die Ausgestaltung der Gesundheitsreform. Der Reichsbund sprach sich klar gegen weitere Belastungen für die Patienten und Versicherten aus und brachte sich sofort in den politischen Diskussionsprozess ein. Gewarnt wurde vor neuen Belastungen der Patienten und Versicherten durch verstärkte Eigenbeteiligungen und Zuzahlungen. Stattdessen forderte der Reichsbund eine Überprüfung der Leistungserbringer und den Ausbau der ambulanten Versorgung. Der neue Bundesgesundheitsminister Horst Seehofer (CSU) legte bereits am 2. Juni 1992 ein Sparpaket für das Gesundheitswesen vor, das bei den Zuzahlungen für Medikamente, Krankenhausaufenthalt und Zahnersatz deutliche Steigerungen beinhaltete. Daraufhin bescheinigte der 1. Bundesvorsitzende Prof. Dr. Walter Franke dem neuen Bundesgesundheitsminister schon am 4. Juni in einer Presseerklärung einen „schlechten Einstand". In einer umfassenden Stellungnahme lehnte der Reichsbund am 22. Juli die Vorschläge Seehofers als sozial unausgewogen ab und forderte statt erhöhter Eigenbeteiligungen die patientenorientierte Umsetzung des Festbetragskonzepts und weitere Sparmaßnahmen im Bereich der Pharmaindustrie.

Auf einer Klausurtagung der Koalition verständigte man sich im Oktober 1992 auf den sog. Lahnstein-Kompromiss. Dieser war nach Auffassung der Bundesregierung die „tiefgreifendste Reform seit Bestehen der gesetzlichen Krankenversicherung". Der Reichsbund konnte durch sein intensives Engagement immerhin wesentliche Abmilderungen bei den Zuzahlungen und Eigenbeteiligungen erreichen. Außerdem wurde die Schaffung eines unabhängigen Arzneimittelinstituts ebenso vereinbart wie eine Liste verordnungsfähiger Arzneimittel (Positivliste) und die bessere Vernetzung der ambulanten und stationären Versorgung sowie ein Risikostrukturausgleich für die Krankenkassen. Diesen Neuerungen stand der Reichsbund positiv gegenüber, doch wiederholte der Verband seine Kritik an den nach wie vor vereinbarten Zuzahlungen und Eigenbeteiligungen. Aufgrund des parteiübergreifenden Konsenses waren jedoch weitere Verbesserungen nicht zu erreichen. Das Gesundheitsstrukturgesetz (GSG) trat am 1. Januar 1993 in Kraft.

Vor dem Hintergrund der angespannten Haushaltslage des Bundes und weiter steigender Ausgaben der Gesundheitsversorgung, denen auch das Gesundheitsstrukturgesetz von 1993 keinen Einhalt geboten hatte, lud Bundesgesundheitsminister Horst Seehofer 1995 zu den sogenannten Petersberger Gesprächen. Mit Leistungserbringern und den Krankenkassen wurden die Inhalte einer dritten Stufe der Gesundheitsreform erörtert. Gleichzeitig befand sich das Gesetz zur Stabilisierung der Krankenhausausgaben vom 29. April 1996 bereits in den parlamentarischen Beratungen.

Die im Dezember 1995 vorgestellten „Eckpunkte der Koalitionsarbeitsgruppe zur Gesundheitsreform im ambulanten Bereich" beinhalteten neue Belastungen für die Versicherten und sahen die Einführung weitreichender privatversicherungsrechtlicher Elemente in die gesetzliche Krankenversicherung vor.

Der Sozialverband Reichsbund wies eine weitere Privatisierung der solidarischen und sozialen Krankenversicherung entschieden zurück und wandte sich energisch gegen weitere Zuzahlungserhöhungen, die Einführung von Sonderbeiträgen sowie die geplante Dynamisierung der Eigenbeteiligungen und Zuzahlungen.

Das von der Regierungskoalition erarbeitete „GKV-Weiterentwicklungsgesetz (GKVWG)“ scheiterte schließlich an der fehlenden Zustimmung des Bundesrates.

Allerdings war es der Regierungskoalition bereits mit dem „Beitragsentlastungsgesetz“, das als Bestandteil des Sparpakets der Bundesregierung zum 1. Januar 1997 in Kraft trat und zwar eine geringe Beitragssatzabsenkung, aber gleichzeitig neue Belastungen und Leistungsausgrenzungen für die Versicherten beinhaltete gelungen, allein mit Bundestagsmehrheit und ohne Zustimmung des Bundesrates Neuregelungen zu beschließen.

Diese Gesundheitspolitik stieß bei den gesetzlichen Krankenkassen und den Sozialverbänden gleichermaßen auf Widerstand. Seinen Standpunkt untermauerte der Sozialverband Reichsbund bei vielen Veranstaltungen auf Landes-, Kreis- und Ortsebene und warnte vor einseitigen Belastungen der Versicherten und einem Ausdünnen des Leistungskatalogs in der gesetzlichen Krankenversicherung. Dabei ging es dem Sozialverband Reichsbund auch darum, die Grundprinzipien der sozialen und solidarischen Krankenversicherung zu verteidigen.

Im September 1996 legte die Regierungskoalition dann das „1. und 2. GKV-Neuordnungsgesetz“ vor.

Zum Jahresende gründete sich, auch auf Initiative des Sozialverband Reichsbund, schließlich das „Bündnis für die solidarische Krankenversicherung“, in dem sich 27 Verbände, Gewerkschaften und Versichertenvertreter in einer „Gemeinsamen Erklärung zur Sicherung der Grundlagen und der Prinzipien der sozialen und solidarischen Krankenversicherung“ gegen einseitige Belastungen der Versicherten, die Aufweichung des Sachleistungsprinzips sowie einen Wettbewerb zu Lasten kranker und behinderter Menschen aussprachen und damit ein starkes Zeichen solidarischen Protestes setzten.

Trotz dieses heftigen öffentlichen Widerstands und gegen die Opposition verabschiedete der Bundestag mit den Stimmen der Koalition auch das „2. GKV-Neuordnungsgesetz“, das zusammen mit dem „1. GKV-NOG“ am 1. Juli 1997 in Kraft trat.

Zwar hatte der weitreichende Protest das Inkrafttreten der Gesetze nicht verhindern können, dennoch wurden im Gesetzgebungsverfahren wichtige Korrekturen erreicht. So entfiel das Vorhaben, verschiedene Pflichtleistungen in Gestaltungsleistungen umzuwandeln und sie damit aus der solidarischen Finanzierung auszugrenzen. Auch konnte der einheitliche Leistungskatalog erhalten und der durchgreifende Einstieg in die Privatisierung der gesetzlichen Krankenversicherung verhindert werden.

Mit der Bundestagswahl am 27. September 1998 und der neu gewählten Bundesregierung aus SPD und Bündnis 90/Die Grünen erfolgte eine Wende in der Gesundheitspolitik, die der Sozialverband Reichsbund seit langem eingefordert hatte. Dabei befürwortete der Verband insbesondere die Stärkung der Patientenrechte sowie der Gesundheitsförderung und der Rehabilitation. Positiv sah der Verband auch die Einführung der integrierten Versorgung und die geplanten Erarbeitung einer Positivliste für Arzneimittel.

Das „GKV-Gesundheitsreformgesetz 2000" trat schließlich, mit nur wenigen Änderungen, am 1. Januar 2000 in Kraft.

In den 1990er Jahren begann auch eine erneute Debatte um die Ausgestaltung der gesetzlichen Rentenversicherung. Bereits seit 1992 beklagte der Reichsbund eine falsch gesteuerte Rentenpolitik, die durch Übertragung versicherungsfremder Leistungen auf die Rentenversicherung allein zur Entlastung des Bundeshaushaltes führte. Zusätzlich verschärften die hohe Arbeitslosigkeit und die immer weiter steigenden Kosten der Frühverrentung die Finanzlage der Rentenversicherung. Insofern forderte der Reichsbund stets die Finanzierung versicherungsfremder Leistungen aus Steuermitteln und kritisierte die Umverteilung zu Lasten der Beitragszahler und Rentner. Der im August 1993 veröffentlichte Vorschlag von Bundeswirtschaftsminister Günter Rexrodt, das Niveau der Rentenversicherung langfristig abzusenken, wurde vom Reichsbund umgehend zurückgewiesen. Auch lehnte der Reichsbund die angekündigte Absenkung des Bundeszuschusses zur Rentenversicherung um 1,9 Milliarden DM ab und hielt eine Nachbesserung des Rentenreformgesetzes 1992 für unverzichtbar. Die Festschreibung des Nettorentenniveaus von mindestens 70 Prozent war dabei eine zentrale Forderung. Ein solches Sicherungsniveau war zwar vor dem Rentenreformgesetz 1992, danach aber nicht mehr erreicht worden. Ursächlich hierfür war auch die mit der Rentenreform veränderte Rentenanpassungsformel, die sicherstellen sollte, dass sich Renten und verfügbare Arbeitsentgelte gleichgewichtig entwickeln. Angesichts der politischen Entwicklungen kündigte der Reichsbund an, Musterprozesse gegen die Rentenanpassungen zu führen.

Am 7. Juli 1992 verkündete das Bundesverfassungsgericht auf der Grundlage zweier Verfassungsbeschwerden und Richtervorlagen ein wichtiges Urteil (Aktenzeichen: 1 BvL 51/86) über die Notwendigkeit und den Umfang der Berücksichtigung von Kindererziehungszeiten in der gesetzlichen Rentenversicherung. Zwar wurde der Leistungsumfang für die vor 1921 geborenen Mütter nach dem Kindererziehungsleistungsgesetz nicht beanstandet. Jedoch stellten die Richter fest, dass die Alterssicherung von Müttern in den nächsten Jahren erheblich verbessert werden müsse, um der festgestellten Benachteiligung von Müttern im Vergleich zu kinderlosen erwerbstätigen Frauen zu begegnen. Diese Entscheidung bewertete der Reichsbund als einen wichtigen Erfolg, denn der Verband forderte bereits seit Jahren eine Verstärkung der eigenständigen sozialen Sicherung der Frau.

Dennoch: Die grundlegende rentenpolitische Fehlentwicklung, die die Leistungsfähigkeit der Rentenversicherung maßgeblich beeinflusste, beschloss der Sozialverband Reichsbund im Namen eines Mitgliedes zu Beginn des Jahres 1996 durch das Bundessozialgericht bzw. das Bundesverfassungsgericht prüfen zu lassen. Der Verband sah zahlreiche Vorschriften des Grundgesetzes durch die Zweckentfremdung von Beitragsmitteln für die Finanzierung staatlicher Aufgaben verletzt. Zwar wies der 12. Senat des Bundessozialgerichtes am 29. Januar 1998 die Klage (Aktenzeichen B 12 KR 39/95) mit dem Hinweis ab, dass die Verwendung von Beitragsmitteln keine verfassungsrechtliche, sondern eine politische Dimension habe. Dennoch wertete der Sozialverband Reichsbund die Durchführung des Klageverfahrens als Beitrag zur öffentlichen Diskussion grundsätzlich als Erfolg und erhielt dafür Zuspruch von Gewerkschaften, Sozialverbänden und der Opposition.

Noch während des laufenden Verfahrens hatte sich die Auseinandersetzung um die Rentenreform zugespitzt. Entsprechend wirkten die von Bundeskanzler Helmut Kohl vorgestellten Pläne zum Umbau des Sozialstaates wie eine Kampfansage an den Sozialverband Reichsbund. Tatsächlich beschloss die Bundesregierung zum Jahresbeginn 1996 ein 50-Punkte-Aktionsprogramm für Investitionen und Arbeitsplätze, das wenig später als „Programm für mehr Wachstum und Beschäftigung“ konkretisiert wurde. Primäres Ziel war es, im Bundeshaushalt 25 Mrd. DM einzusparen, davon mindestens 10 Mrd. DM durch Einsparungen und Umstrukturierungen in den Sozialsystemen. Unter anderem waren darin die Reduzierung der anrechenbaren Ausbildungszeiten in der Rentenversicherung, die Erhöhung des Renteneintrittsalters für Frauen, die vorgesehene weitere Erhöhung der Arzneimittelzuzahlungen, Einschränkungen bei der Lohnfortzahlung, die Reduzierung des Krankengeldes sowie die Abschaffung des Rechtsanspruchs auf berufsfördernde Leistungen zur Rehabilitation geplant. Der Sozialverband Reichsbund erkannte darin einen durchgreifenden Sozialabbau und nutzte jede Gelegenheit, gegen diese Pläne Position zu beziehen. Dazu führte der Sozialverband Reichsbund politische Gespräche und organisierte zahlreiche Protestveranstaltungen auf Landes-, Kreis- und Ortsebene. So folgten etwa 20.000 Teilnehmende dem Aufruf von Sozialverbänden, Gewerkschaften, Kirchen sowie weiterer Initiativen und protestierten am 6. Juni 1996 in Hannover gegen eine Demontage des Sozialstaates. Die umfangreichen Proteste und politischen Auseinandersetzungen führten zwar zu mehrfachen Entschärfungen der Gesetzesvorlagen. Doch letztlich wies der Bundestag am 13. September 1996 den Einspruch des Bundesrates gegen die Spargesetze mit Kanzlermehrheit zurück, so dass wesentliche Teile des Sparpaketes zum 1. Oktober

1996 und 1. Januar 1997 in Kraft traten. Da auch in der Folgezeit die Diskussion um weitere Einschränkungen des Sozialstaates nicht abebbte, entschloss sich der Arbeitskreis „Sozialstaat 2000" des Verbandes dazu, die bereits erfolgten Sozialleistungskürzungen öffentlich darzulegen, um so die erheblichen Belastungen der Bürgerinnen und Bürger zu dokumentieren und den Wert des Sozialstaats an sich für eine demokratische Gesellschaft zu betonen.

Hatte Bundeskanzler Helmut Kohl noch im März 1996 Rentenkürzungen zurückgewiesen, so enthielt ein CDU-Positionspapier vom Oktober desselben Jahres dann aber u. a. die Vorschläge, das Nettorentenniveau abzusenken, das Renteneintrittsalter zu erhöhen und die Absicherung des Risikos der Berufs- und Erwerbsunfähigkeit zu privatisieren.

Diese bildeten zusammen mit den Ergebnissen der vom Bundesarbeitsministerium eingesetzten Rentenkommission die Grundlage für die Eckpunkte zur „Rentenreform 99" vom 13. April 1997.

Der Sozialverband Reichsbund reagierte auf diese Entwicklung und erarbeitete den Forderungskatalog „Positionen zur langfristigen Konsolidierung und Fortentwicklung der gesetzlichen Rentenversicherung (GRV)", der die differenzierten Ziele und Reformvorschläge des Verbandes darlegte und auf einer bundesweiten Pressekonferenz am 15. Januar 1997 vorgestellt wurde.

In der Sachverständigenanhörung des Bundestags-Sozialausschusses im Juli 1997 erneuerte der Sozialverband Reichsbund seine grundlegende Kritik u. a. an der vorgesehenen Rückführung des Rentenniveaus von 70 auf 64 Prozent, der Erhöhung der Renteneintrittsalter für die Schwerbehindertenrente und weitere Renten. Jenseits des Gesetzgebungsverfahrens auf der politischen Ebene begleitete der Verband die Rentenreform mit einer öffentlichkeitswirksamen Kampagne unter dem Motto „Unser Land braucht soziale Gerechtigkeit". Den Auftakt bildete die Unterschriftenaktion „Ihr Recht auf Rente", bei der über 130.000 Unterschriften gegen Rentenkürzungen gesammelt wurden. Letztlich konnten jedoch weder die vielen öffentlichen Aktionen und Veranstaltungen noch die intensive politische Arbeit des Sozialverband Reichsbund im Sinne der Versicherten und Rentner verhindern, dass das „Gesetz zur Reform der gesetzlichen Rentenversicherung (Rentenreformgesetz 1999 – RRG 1999)" zum 1. Januar 1999 in Kraft trat.

Tatsächlich brachte die Bundestagswahl vom 27. September 1998 die Ablösung der von CDU/CSU und FDP geführten Bundesregierung durch eine Koalition aus SPD und Bündnis 90/Die Grünen unter Bundeskanzler Gerhard Schröder. Schnell wurden mit dem „Gesetz zu Korrekturen in der Sozialversicherung und zur Sicherung der Arbeitnehmerrechte“ vom 19. Dezember 1998 die mit dem Rentenreformgesetz 1999 beschlossenen Belastungen der Versicherten wieder gestoppt und die Senkung des Rentenniveaus von 70 auf 64 Prozent für die Jahre 1999 und 2000 ausgesetzt. Entsprechendes galt für die Neuordnung der Renten wegen verminderter Erwerbsfähigkeit und die Anhebung des Renteneintrittsalters bei Schwerbehinderung.

Diese und andere Korrekturen begrüßte der Sozialverband Reichsbund ebenso wie die Beschlüsse der Bundesregierung, bis spätestens Ende 2000 die Rentenversicherung grundlegend zu reformieren und ein „Bündnis für Arbeit“ zu initiieren.

Einigen im Koalitionsvertrag ausgehandelten Vorschlägen zur Rentenreform, wie z. B. der Entlastung der Rentenkassen von beitragsungedeckten Leistungen durch direkte Beitragszahlung für die Kindererziehung, der Einbeziehung aller Alterssicherungssysteme in eine Reform sowie der Erweiterung des versicherten Personenkreises oder einer Reform der Berufs- und Erwerbsunfähigkeitsrenten, stimmte der Sozialverband Reichsbund zu. Enttäuschung riefen jedoch Ideen z. B. zur Abschaffung der Hinterbliebenenrente hervor. Als Bundesarbeitsminister Walter Riester Anfang 1999 öffentliche Überlegungen zur Änderung des Anpassungsmechanismus der Renten mit dem Ziel langfristiger Einsparungen anstellte, wurde klar, dass die vom Minister zur Vorbereitung der „Rentenreform 2000“ im Februar 1999 berufene Kommission unter der Regierungsmaßgabe arbeiten würde, im Bundesarbeitsministerium 12,8 Milliarden DM einzusparen.

Bereits im Sommer 1999 bereitete sich der Sozialverband Reichsbund darauf vor, mit Protestaktionen gegen die Rentenpolitik der Bundesregierung zu demonstrieren.

Zudem lief noch vor der 14. Bundestagung im August 1999 eine Unterschriftensammlung unter dem Motto „Für eine zukunftsgerichtete Rentenstrukturreform“ in allen Landesverbänden an. Ein offener Brief an Bundeskanzler Gerhard Schröder zu Beginn der parlamentarischen Beratungen über den zu erwartenden Gesetzentwurf sollte den Druck zusätzlich erhöhen. Unter dem Motto „Hände weg von den Renten“ wurde die Protestdemonstration am 25. Oktober 1999 mit 10.000 Teilnehmern zu einem großen Erfolg, der das Engagement des SoVD und das Mobilisierungspotential in der Diskussion um die Rentenreform unterstrich.

Selbstverständlich setzte der Reichsbund auch in der 90er Jahren sein Engagement für behinderte Menschen fort. Als zentrale Themen standen dabei die Aufnahme eines Diskriminierungsverbots behinderter Menschen in Art. 3 des Grundgesetzes und die Weiterentwicklung der beruflichen Rehabilitation im Fokus. Nach wie vor aktuell war zudem die Forderung des Reichsbundes nach der Verwirklichung eines Sozialgesetzbuches Rehabilitation (SGB IX), in das Behinderten- und

Rehabilitationsrecht vereinheitlicht übernommen wird. Neben dieser Frage beschäftigte sich der Verband auch weiterhin intensiv mit der Gleichstellungspolitik für Menschen mit Behinderung. In den Verhandlungen der Verfassungskommission von Bundestag und Bundesrat im Zuge der deutschen Einigung sah nun der Reichsbund eine große Chance, in Art. 3 des Grundgesetzes ein Verbot der Diskriminierung von Behinderten Menschen zu verankern und damit der fast alltäglichen Benachteiligung und Diskriminierung behinderter Menschen in nahezu allen Lebensbereichen ein wirkungsvolles Instrument entgegenzusetzen.

Leider kam innerhalb der Kommission, obwohl sich der Vorsitzende von den Ausführungen des Reichsbundes und weiterer Behindertenverbände beeindruckt zeigte, bei einer Sitzung im Juni 1993 keine Mehrheit für eine entsprechende Verfassungsänderung mit einem Diskriminierungsverbot zustande. Gemeinsam mit anderen Behindertenverbänden verstärkte der Reichsbund daraufhin den öffentlichen Druck. und führte politische Gespräche. Diese führten dazu, dass die SPD-Bundestagsfraktion im Dezember 1993 einen Gesetzentwurf zur Änderung des Grundgesetzes einbrachte, mit dem ein Benachteiligungsverbot in Art. 3 aufgenommen werden sollte. Zwar wurde auch dieser Antrag abgelehnt, doch war der politische Druck nun so hoch, dass sich am 24. Mai 1994 Spitzenpolitiker der Koalition auf die Aufnahme des Diskriminierungsverbots in Art. 3 des Grundgesetzes einigten und der Bundestag am 30. Juni 1994 die entsprechende Verfassungsänderung beschloss. Die Verankerung des Diskriminierungsverbots in Art. 3 des Grundgesetzes war ein bedeutungsvoller Schritt in der Behindertenpolitik und ein großer Erfolg für den Reichsbund und die beteiligten Behindertenorganisationen.

Gleichzeitig machte der Reichsbund mit vielfältigen Initiativen auch auf die steigende Arbeitslosigkeit behinderter und schwerbehinderter Menschen sowie die stetig sinkende Beschäftigungspflichtquote aufmerksam. 1991 stellte die Bundesanstalt für Arbeit fest, dass weder die privaten noch die öffentlichen Arbeitgeber die gesetzliche Pflichtquote erfüllten. Neben der politischen Auseinandersetzung um Gesetze und Verordnungen unterstützte der Reichsbund behinderte Menschen auch konkret, um das Alltagsleben zu vereinfachen.

So war die barrierefreie Gestaltung der Umwelt ein wesentliches Thema, über das der Verband seine Mitglieder nicht nur in verschiedenen Broschüren eingehend informierte. Begleitend dazu unternahm man auch den Versuch, Barrierefreiheit per Gesetzesinitiative in allen Landesbauordnungen fest zu verankern. Dies gelang Mitte der 1990er Jahre unter anderem in Baden-Württemberg und Hessen.

Nach wie vor war die Kriegsopferversorgung (KOV) ein Kernbereich der Arbeit des Reichsbundes, in dem sich Anfang der 1990er Jahre drei Haupthandlungsfelder herausstellten: Da mit dem 1. KOV-Strukturgesetz 1990 nicht alle Forderungen des Verbandes erfüllt worden waren, ging es einerseits um die Weiterentwicklung des Bundesversorgungsgesetzes (BVG). Zum anderen galt es, auf eine beschleunigte Bearbeitung der Anträge ostdeutscher Kriegsopfer hinzuwirken. Zudem blieb die vollständige Angleichung der Leistungen auf westdeutsches Niveau ein Ziel.

Umso größer war die Enttäuschung für den Reichsbund und die von ihm mit Stand April 1993 vertretenen rund 1,3 Millionen Kriegsopfer und Hinterbliebenen, als für die Forderungen zwar Verständnis aus dem Bundeskanzleramt geäußert wurde, sie aber wegen der schwierigen Finanzsituation abgelehnt wurden.

Nach dem Scheitern dieser Initiative verstärkte der Reichsbund seine Bemühungen, durch Musterklagen vor Sozialgerichten eine Gleichstellung der Kriegsopfer in Ost und West zu erreichen. Den Verfahren, die der Reichsbund 1993 und 1994 mit großem Engagement vor einigen Landessozialgerichten, dem Bundessozialgericht und letztlich auch dem Bundesverfassungsgericht führte, war jedoch kein Erfolg beschieden.

Doch der Reichsbund sah die Gleichstellung als wichtigen Schritt zur Vollendung der inneren Einheit und wandte sich daher im Juni 1995 nochmals an Bundeskanzler Dr. Helmut Kohl, die Vorsitzenden der Bundestagsfraktionen sowie an Bundesarbeitsminister Dr. Norbert Blüm und die Sozialminister der Bundesländer. Tatsächlich beschloss die Arbeits- und Sozialministerkonferenz am 20./21. September 1995 in Dresden, mit Hinweis auf den Entschädigungscharakter der Grundrente und das Alter der Betroffenen, auf Antrag der neuen Bundesländer mit neun zu sieben Stimmen, die Bundesregierung aufzufordern, ab 1. Juli 1996 eine vollständige Anpassung der Beschädigtengrundrenten vorzunehmen. Die Minister waren in der Diskussion weitgehend der Argumentation des Reichsbundes gefolgt. Auch wenn eine spätere Umsetzung der Beschlüsse nicht gelang und das Engagement des Verbandes in dieser Frage damit bis heute andauert, war doch ein wichtiges Signal gesetzt worden.

Zu den Kernthemen der sozialpolitischen Arbeit des Reichsbundes zählte seit jeher der Kampf gegen Armut und Sozialabbau. Nach der deutschen Einheit rückte dieses Themenfeld wieder in den Fokus. Denn durch die wirtschaftliche Umstrukturierung in den neuen Bundesländern stieg die Arbeitslosigkeit stark an und mit ihr der Sozialhilfebedarf, der sich zwischen 1980 und 1992 von 13,3 Mrd. auf rund 42,5 Mrd. DM erhöhte. Ende 1993 erhielten knapp 2,5 Millionen Menschen Sozialleistungen – im Vergleich zum Vorjahr ein Plus von 4,8 Prozent. Für 1994 zählt der erste gesamtdeutsche Armutsbericht rund 7,25 Millionen Arme, vorrangig kinderreiche Familien und Alleinerziehende, aber auch alleinstehende Rentnerinnen. Schon 1991 hatte der Reichsbund auf die sich abzeichnende Verschärfung der sozialen Situation vieler Menschen reagiert und einen „Forderungskatalog zur Weiterentwicklung des

Sozialhilferechts“ erarbeitet. Trotz der vom Ende 1995 neu benannten „Sozialverband Reichsbund“ und von anderen Sozialverbänden vorgebrachten Kritik verabschiedete der Bundestag am 29. Februar 1996 gegen die Stimmen der Opposition die Reform der Sozialhilfe. Nach der Anrufung des Vermittlungsausschusses einigten sich die Regierungskoalition und die SPD am 26. Juni 1996 auf einen Reformkompromiss zum Sozialhilferecht, der am 1. August 1996 in Kraft trat. Die darin enthaltenen Hilfen zur Arbeitsaufnahme, die Übernahme rückständiger Mieten bei drohender Obdachlosigkeit und die Verbesserung der rechtlichen Grundlagen für höhere Arbeitsentgelte behinderter Menschen in Werkstätten unterstützte der Verband. Ferner hatte der Verband, bei aller grundsätzlichen Kritik, seine Mitgestaltungsmöglichkeiten im Gesetzgebungsverfahren genutzt und z. B. die von der Bundesregierung gewollte Verdoppelung des Lohnabstandsgebots zwischen Sozialhilfe und unteren Lohngruppen auf 15 Prozent verhindern und bei den Vorschriften zur Verschärfung der Aufnahme zumutbarer Arbeit eine Schutzklausel für schwerbehinderte Menschen durchsetzen können.

Obendrein war auch die Kostenfreiheit bei den Sozialgerichten in Gefahr: Eine erste Forderung zur Änderung des Sozialgerichtsgesetzes kam im Herbst 1993 von der Arbeits- und Sozialministerkonferenz der Länder (ASMK), die sich mit Blick auf die allgemein angespannte Finanzlage dafür aussprach, die Kostenfreiheit sozialgerichtlicher Verfahren zu überprüfen. Unisono wandten sich die Sozialverbände strikt gegen diese Idee, und der Reichsbund verwies nochmals eindringlich auf die Notwendigkeit der Kostenfreiheit im Sozialgerichtsverfahren, die für die Kläger oftmals von existentieller Bedeutung sei. Tatsächlich trug diese gemeinsame und deutliche Positionierung der Sozialverbände dazu bei, dass der Antrag der ASMK nicht weiterverfolgt wurde.

Auch wenn in den 90ern der „große sozialpolitische Wurf“ ausblieb, setzte sich der Verband auch in dieser Dekade erfolgreich gegen den angestrebten weitreichenden Sozialkahlschlag zur Wehr, und konnte dabei wichtige Veränderungen erreichen und damit eine weitestgehend positive Bilanz seiner Arbeit ziehen. Es gelang, einige negative Reformideen ganz zu verhindern und bei vielen Vorhaben positive Veränderungen zu erreichen. Seit Beginn der 1990er Jahre verstärkte der Reichsbund auch seine 1971 als INTEG-Jugend begonnene Jugendarbeit und rief mit Unterstützung des 1. Bundesvorsitzenden Prof. Dr. Walter Franke im September 1990 einen Bundesjugendarbeitskreis unter Vorsitz von Friedrich-Wilhelm Herkelmann ins Leben. Dieser führte zahlreiche Informationsveranstaltungen zur Jugendarbeit und den INTEG-Jugendgruppen in den Landesverbänden durch und beschloss die Herausgabe eines regelmäßig erscheinenden INTEG-Jugendinfoheftes.

# Die 2000er: Kampf gegen Sozialstaatsabbau und Umsetzung der Veränderungen in den Verbandsstrukturen

Nach den wegweisenden Entscheidungen der Bundesverbandstagung 1999 erhielt der Verband ab Sommer 2000 nun eine zeitgemäße Außendarstellung mit neuem Logo und einem rundum modernisierten Gesamtbild. Im Juni 2000 erschien zudem die 16-seitige Verbandszeitung mit überarbeitetem Inhalt und neu strukturierten Seiten für die Landesverbände. Dies trug ebenso zur Attraktivitätssteigerung des SoVD bei wie die neuen Partner- und Familienbeiträge, so dass der Verband einen Zuwachs auf 496.000 Mitglieder verzeichnete. Darüber hinaus wurde der wegweisende Beschluss, als Bundesverband wieder seinen Hauptsitz am Sitz der Bundesregierung einzunehmen umgesetzt: Auf dem (restituierten) Grundstück am Rolandufer in Berlin-Mitte entstand das SoVD-Haus als modernes Herz des Bundesverbandes mit Restaurant, Beratungsstelle, Wohnungen und ausreichend Platz für die Verwaltung. Richtfest wurde am 16. September 2002 gefeiert. Im Sommer 2004 konnte am Rolandufer in Berlin-Mitte die neue Bundesgeschäftsstelle bezogen werden. Die SoVD-Mitglieder unterstützten den Bau des Gebäudes durch eine große Spendenaktion maßgeblich.

*Zuwachs der Mitglieder nach wegweisenden Entscheidungen auf der Bundesverbandstagung*

Weiterverfolgt wurde auch der Ausbau der Verbandskommunikation, etwa durch den neuen interaktiven Internetauftritt. So wurde der SoVD Bundesverband nicht nur durch seinen neuen „alten“ Standort, sondern auch digital weithin sichtbar und kommunikativ insgesamt moderner wahrnehmbar.

Auch in den Gremien des Bundesverbandes gab es schon zu Beginn der 2000er eine entscheidende Änderung: Mit Erreichen des 75. Lebensjahres legte SoVD-Präsident Hans Fiedler sein Amt zum 5. Juni 2001 nieder. Bereits auf seiner Sitzung am 29. März 2001 hatte der Bundesvorstand Peter Vetter zum Nachfolger gewählt und zugleich Hans Fiedler zum Ehrenpräsidenten ernannt. Ferner wählte der

Bundesvorstand den bisherigen Beisitzer im Präsidium Sven Picker zum Vizepräsidenten.

Auf der 15. Bundesverbandstagungvom 15. bis 17.10.2003 unter dem Motto „Gemeinsam sind wir bärenstark", appellierte der SoVD an Politik und Gesellschaft, bei Reformen stärker auf die soziale Gerechtigkeit zu achten und Neuregelungen in den Sozialsystemen ausgewogen zu gestalten. Zum neuen Präsidenten wurde Adolf Bauer, niedersächsischer Landesvorsitzende, gewählt. Ihm zur Seite gestellt wurden Marianne Saarholz und Jürgen Weigel als Vizepräsidenten. Auf der 16. Bundesverbandstagung vom 24. bis 26. Oktober 2007 bestätigten die Delegierten Adolf Bauer mit 92,6 Prozent der Stimmen im Amt. Marianne Saarholz blieb Vizepräsidentin. Auf Jürgen Weigel folgte Lothar Dufke aus dem Landesverband Schleswig-Holstein. Damit waren die drei größten Landesverbände auch in der Verbandsspitze repräsentiert.

Mit der einstimmig verabschiedeten „Berliner Erklärung" auf der 15. Verbandstagung sowie über 107 sozialpolitischen Beschlüssen auf der 16. Verbandstagung erhoben die SoVD-Delegierten Grundsatzforderungen zur Sozialpolitik mit dem Ziel, den Sozialstaat zu erhalten, die gesamtgesellschaftliche Solidarität zu stärken und die Spaltung der Gesellschaft durch Arbeitslosigkeit und Armut zu verhindern. Dies war zugleich die Richtschnur für die politische Verbandsarbeit der nächsten Jahre.

Damit war der SoVD personell sowie strukturell gut aufgestellt, um die großen sozialpolitischen Reformbestrebungen der kommenden Jahre wesentlich mit zu gestalten. Und so abwechslungsreich die Jahre bis 2000 auch waren, die Zeit danach war nicht weniger herausfordernd.

So setzten der seit 2003 amtierende SoVD-Präsident Adolf Bauer und die 199 Delegierten auf der 17. außerordentlichen Bundesverbandstagung am 10. Januar 2009 in Berlin ein doppeltes Zeichen der Modernisierung: In zehn sozialpolitischen Grundsatzforderungen mit dem Titel „Der Mensch im Mittelpunkt" forderte der SoVD, ein halbes Jahr vor den Bundestagswahlen, eine moderne, an den Bedürfnissen der Menschen ausgerichtete Sozialpolitik und prangerte den massiven Leistungsabbau der letzten Jahre an. Und die Delegierten verabschiedeten mit nur fünf Gegenstimmen eine modernisierte Satzung mit erweiterten Aufgabengebieten: Neben der europäischen Sozialpolitik zählte die Förderung von Familien, Alleinerziehenden, Kindern und Jugendlichen im Sinne der Generationengerechtigkeit nun zu den Verbandszielen. Außerdem wurden Satzungsänderungen beschlossen, welche die Erlangung einer eigenen Rechtsfähigkeit von Landesverbänden ermöglichen. Dafür hatten sich bereits die Bundesverbandstagungen 1999 und 2003 ausgesprochen.

Auf der 18. außerordentlichen Bundesverbandstagung am 19. Dezember 2009 in Hannover vollendeten die 193 Delegierten dann die von den Registergerichten geforderten formalen Inkraftsetzungen der Verselbstständigung bzw. Abspaltung der Landesverbände Berlin-Brandenburg, Nordrhein-Westfalen und Schleswig-Holstein ohne Gegenstimme. Die seit 1999 vorbereiteten Verselbstständigungen u.a. der mitgliederstärksten Landesverbände wurden damit rechtskräftigt.

Zudem wurde die hannoversche Erklärung „Für eine solidarische Gesellschaft" verabschiedet. Als einer der ältesten und größten Sozialverbände appellierte der SoVD darin an die Bundesregierung, ihr Versprechen vom „Wohlstand für alle" zu erfüllen und die soziale Balance gerade in der tiefgreifenden Wirtschafts- und Finanzkrise wiederherzustellen sowie für Chancengleichheit aller Menschen zu sorgen.

## SoVD intern

Neben den zwei Säulen der Verbandsarbeit „politische Interessenvertretung" und „Gemeinschaftsleben" entwickelte sich insbesondere der Bereich der Sozial(rechts) beratung immer stärker. Aus der ehrenamtlichen Beratung oder den reinen Lotsenfunktionen in den Anfangsjahren des Verbandes hatte sich ein zunehmend professionalisiertes Beratungssystem entwickelt und wurde kontinuierlich weiterentwickelt. Nicht zuletzt durch Musterklageverfahren vor Bundesgerichten gestaltete der Verband nun zunehmend auch über die Judikative Sozialpolitik.

## Sozialpolitische Arbeit

### Rentenpolitik

Neben der Politik für Menschen mit Behinderungen war und blieb auch die Rentenpolitik ein Schwerpunktthema des Verbandes in den 2000ern. Die politische und gesellschaftliche Diskussion um die strukturelle Ausgestaltung der Rente war in vollem Gange und der SoVD beteiligte sich intensiv. Der Verband begrüßte alle Maßnahmen und Konzepte der Bundesregierung, den Einstieg in die steuerfinanzierte Grundsicherung als einen wichtigen Beitrag zur Absicherung gegen die Altersarmut zu wagen und so ein lebensstandardsicherndes Rentenniveau in den Mittelpunkt der politischen Bemühungen zu rücken.

Gemeinsam mit befreundeten Organisationen lehnte der SoVD die Eckpunkte der Riester-Rentenreform als unsozial ab, warnte vor Leistungsverschlechterungen sowie dem Ausverkauf der solidarischen Alterssicherung. Stattdessen forderte das Bündnis die Stärkung der Rentenversicherung durch die Einbeziehung aller

Erwerbstätigen und die Beibehaltung der paritätischen Finanzierung. Letztlich konnte aber die sogenannte „Riester-Rentenreform“ nicht verhindert werden. Aufgeteilt in mehrere Gesetze verabschiedeten Bundestag und Bundesrat im März 2001 erst das „Altersvermögensergänzungsgesetz“ (AVmEG), im Mai dann das „Gesetz zur Reform der gesetzlichen Rentenversicherung und zur Förderung eines kapitalgedeckten Altersvorsorgevermögens“ (Altersvermögensgesetz – AVmG).

Die positive Wertung der Reform teilte der SoVD nicht, da vorrangig die Arbeitgeber entlastet und die Beitragssätze auf Kosten der Versicherten und Rentner stabilisiert wurden.

Bei dem zum 1. Januar 2001 in Kraft getretenen „Gesetz zur Reform der Renten wegen verminderter Erwerbsfähigkeit“ kritisierte der SoVD vor allem die Anhebung des Rentenalters für Schwerbehinderte und das angedachte Stufenmodell bei teilweiser Erwerbsminderung. Anders verhielt es sich bei dem am 1. Januar 2003 wirksam gewordenen „Gesetz zur bedarfsorientierten Grundsicherung im Alter und bei Erwerbsminderung (GSiG)“. Im Interesse der Betroffenen unterstützte der SoVD dieses Gesetz und informierte seine Mitglieder mit der „Grundsicherungskampagne“ ab 2002 ausführlich.

Im März 2003 legte schließlich die „Rürup-Kommission“ ihre Vorschläge zur Reform der Besteuerung von Altersvorsorgen und Altersbezügen vor. Ziel war es, ab 2005 alle Renten zu 50 Prozent zu versteuern.

Der SoVD warnte eindrücklich vor diesem Dolchstoß für die gesetzliche Rentenversicherung und lehnte jede neue Mehrbelastung der Rentner ab.

Die Leistungseinschnitte durch das 2. und das 3. SGB VI-Änderungsgesetz sowie das Rentenversicherungs-Nachhaltigkeitsgesetz und das Alterseinkünftegesetz („Rentennotgesetze“) führten binnen kurzer Zeit zu einem massiven Abbau des Leistungsniveaus der gesetzlichen Rentenversicherung. Darin vorgesehene Maßnahmen wie die Aussetzung der Rentenanpassung 2004, voller Pflegeversicherungsbeitrag auf Renten, Verschiebung des Auszahlungstermins bei Neurenten auf das Monatsende sowie Absenkung der Schwankungsreserve auf 20 Prozent einer Monatsausgabe sollten kurzfristig den Rentenbeitrag stabilisieren. Dies lehnte der SoVD ab und äußerte verfassungsrechtliche Bedenken gegen die „Nullrunde“ und den „vollen Pflegeversicherungsbeitrag“. Stattdessen forderte der Verband die Stärkung der Einnahmeseite der Rentenversicherung und strukturelle Entwicklungen hin zur Erwerbstätigenversicherung und sprach sich entschieden gegen die vorliegenden Entwürfe aus.

## Verfassungsgutachten zur Agenda 2010

Als Gutachter prüfte Prof. Dr. Friedhelm Hase von der Universität Siegen 2004 wesentliche Teile der Agenda 2010. Mit den Ergebnissen untermauerte er die verfassungsrechtlichen Bedenken des SoVD. Sein Gutachten wurde Grundlage der Musterklageverfahren, die der Verband in den nächsten Jahren gegen die vier wichtigsten Leistungskürzungen anstrebte: Rentennotgesetze und das RV-Nachhaltigkeitsgesetz mit „Nullrunde 2004", voller Pflegeversicherungsbeitrag auf Renten; Abschaffung der bewerteten Anrechnungszeiten für Schul- und Hochschulausbildung sowie voller Krankenversicherungsbeitrag auf Betriebsrenten.

Zusätzlich zu den Klagen rief der SoVD seine Mitglieder dazu auf, gegen die Belastungen auch direkt Einspruch zu erheben und formierte bei Demonstrationen im Frühjahr 2004 in Hannover und Berlin mit weit über 30.000 Teilnehmern starken öffentlichen Protest.

Nach intensiven Beratungen zur Veränderung der Organisationsstruktur der gesetzlichen Rentenversicherung und der Vorstellung eines entsprechenden Gesetzentwurfs zur Abgrenzung der Angestellten- und Arbeiterrentenversicherung durch eine Quotenregelung wurde schließlich beschlossen, die Rentenversicherungsträger unter dem Namen „Deutsche Rentenversicherung" gemeinsam zu führen. Die ehemalige Bundesversicherungsanstalt für Angestellte wurde mit dem ehemaligen Verband Deutscher Rentenversicherungsträger zur Deutsche Rentenversicherung Bund zusammengelegt.

Als Resultat des Urteils des Bundesverfassungsgerichts über die Verfassungswidrigkeit unterschiedlicher Besteuerung von Renten und Pensionen, wurde im Sommer 2004 das Alterseinkünftegesetz verabschiedet, mit dem die Rentenbesteuerung ab dem 1. Januar 2005 neu geregelt wurde. Da dem SoVD eine Beratung seiner Mitglieder in steuerrechtlichen Fragen nicht erlaubt ist, konzentrierte sich der Verband darauf, über die Neuerungen des Alterseinkünftegesetzes in Broschüren und der Mitgliederzeitung zu informieren.

Auch 2005 und 2006 wurden die Renten zum zweiten/dritten Mal in Folge nicht angepasst. Tatsächlich hätte die Anwendung der Rentenanpassungsformel sogar zu einer Minusanpassung führen müssen, was jedoch aufgrund der Schutzklausel ausgeschlossen war. Die zum 1. Juli 2005 eingeführte Erhöhung des Krankenversicherungsbeitrags um 0,9 Prozentpunkte und die Inflation führten entsprechend zu weiter sinkenden Nettorenten.

Ein Tropfen auf den heißen Stein: Die SoVD-Forderung, die verzerrenden Wirkungen der schlechten Lohnentwicklung bei den Rentenanpassungen gesetzlich auszuschließen, wurde noch 2006 von der Bundesregierung erfüllt.

Nachdem der von der Öffentlichkeit an den sog. „Reformen“ der Regierung geäußerte Unmut die Vertrauensfrage von Bundeskanzler Gerhard Schröder erwartungsgemäß scheitern ließ, wurden der Bundestag im Juli 2005 aufgelöst und Neuwahlen angesetzt. In einem Positionspapier zur Wahl forderte der SoVD einen Kurswechsel in der Alterssicherung. Ein dauerhaft verlässliches Sicherungsziel sei ebenso notwendig wie jährliche, lohnorientierte Rentenanpassungen und die Fortentwicklung der Rentenversicherung zu einer Erwerbstätigenversicherung.

Seine rentenpolitischen Überlegungen zu einem alternativen rentenpolitischen Kurs stellte der Verband im Juni 2005 im Konzept „Für eine Erwerbstätigenversicherung – Aktionsprogramm des SoVD zur Rettung der gesetzlichen Rentenversicherung“ vor und forderte darin unter anderem eine Mindestsicherung für langjährig Versicherte mit Niedrigeinkommen. Damit war der SoVD Vorreiter in Sachen Erwerbstätigenversicherung.

Diese rentenpolitische Zukunftsidee brachte der SoVD auch in das neu geschaffene „Netzwerk für eine gerechte Rente“ ein. Das Netzwerk erarbeitete 2006 das gemeinsame Konzept „Erwerbstätigenversicherung: Rente mit Zukunft“, das konkrete Vorschläge für die Ausgestaltung einer Erwerbstätigenversicherung enthielt und in Fachkreisen große Anerkennung fand.

Einen wichtigen Erfolg verbuchte der SoVD, als das Bundessozialgericht 2006 im Fall eines SoVD-Mitgliedes entschied, dass Erwerbsminderungsrenten vor dem vollendeten 60. Lebensjahr nicht mit den im Jahr 2000 eingeführten Abschlägen belegt werden dürfen. Nach dieser Bestätigung seiner Kritik an diesen Abschlägen strebte der SoVD weitere Musterklagen an, da die Bundesregierung in dem Urteil lediglich eine Einzelfallentscheidung sah und eine bundesweite Umsetzung grundsätzlich ablehnte.

Unter dem Motto „Das geht besser! Aber nicht von allein!“ demonstrierten nach Aufruf des DGB unter Beteiligung des SoVD am 21. Oktober 2006 insgesamt 220.000 Menschen in Berlin, Dortmund, Frankfurt am Main, Stuttgart und München gegen die geplante Rente mit 67. Trotz dieser massiven öffentlichen Proteste sowie zahlreicher Alternativvorschläge konnte die Verabschiedung des RV-Altersgrenzenanpassungsgesetzes letztlich nicht verhindert werden.

Angesichts dieser deutlichen direkten und indirekten Renteneinschnitte der letzten Jahre wurde für den SoVD immer deutlicher, dass immer mehr Menschen von „Altersarmut“ bedroht sein würden. Risikofaktoren wie die Massenarbeitslosigkeit, sowie der Anstieg von Niedrigeinkommen und sozialversicherungsfreier Beschäftigung würden wesentlich zur Verschlechterung beitragen.

Im Juni 2007 stellte der Verband deshalb das Positionspapier „10 Forderungen des SoVD zur Verhinderung von Altersarmut“ vor. Neben einer Analyse der aktuellen Situation und der absehbaren Rentenentwicklung enthielt es die zentralen Vorschläge des SoVD zur Verhinderung von Altersarmut, wie einen Rentenfreibetrag bei der Grundsicherung im Alter und bei Erwerbsminderung. Das Thema wurde öffentlich breit diskutiert und stieß sowohl in der Politik als auch bei Experten auf große Resonanz.

*Kampf gegen wachsende Altersarmut wird zu einem zentralen rentenpolitischen Handlungsfeld*

Die Finanz- und Wirtschaftskrise wirkte sich auch auf die Rentenpolitik aus. Wegen ihrer Umlagefinanzierung war die gesetzliche Rentenversicherung weitgehend von der Krise verschont geblieben. Vor dem Hintergrund einer steigenden Zahl von Grundsicherungsbeziehenden wurde der Kampf gegen wachsende Altersarmut jedoch zu einem zentralen rentenpolitischen Handlungsfeld des SoVD.

Den 9. Deutschen Seniorentag im Juni 2009 in Leipzig nutzte der SoVD, um seine „10 Forderungen zur Verhinderung von Altersarmut“ öffentlich vorzustellen: Das Konzept verband Mindestsicherungselemente wie den Mindestlohn und Mindestbeiträge bei Langzeitarbeitslosigkeit mit einem gestaffelten Freibetrag für die gesetzliche Rente in der Grundsicherung und führte im Ergebnis zu einer Rente über Grundsicherungsniveau. Mit diesem Konzept brachte der SoVD eine vielfältige öffentlich-politische Diskussion in Gang.

Im Sommer 2008 legte der Sozialverband Deutschland schließlich sein Konzept für lohnorientierte Rentenanpassungen vor. Darin bekräftigte er seine Forderung nach Abschaffung des Riester- und des Nachholfaktors und setzte sich für eine Ergänzung der Rentenanpassungsformel um eine Inflationsschutzklausel ein, um die Renten zumindest in Höhe der Inflationsrate steigen zu lassen. Durch die Aussetzung des Riester-Faktors stiegen die Renten 2008 und 2009 endlich wieder an.

Wegen der Ausweitung der Kurzarbeit zur Bewältigung der Finanz- und Wirtschaftskrise wurde für 2010 jedoch mit einer negativen Rentenentwicklung gerechnet. Dagegen brachte die Bundesregierung im Frühjahr 2009 die sogenannte Rentengarantie auf den Weg. Sie stellte sicher, dass negative Lohnentwicklungen nicht mehr zu Minusanpassungen bei der Rente führten – eine Initiative, die der SoVD ausdrücklich begrüßte.

Nach einer erneuten Nullrunde 2010 stiegen die Renten 2011 zum 1. Juli bundesweit um 0,99 Prozent. Angesichts wachsender Beitragsbelastungen in der Krankenversicherung und der steigenden Inflation warnte der SoVD jedoch vor weiteren Kaufkraftverlusten und dem damit verbundenen sozialen Abstieg der Rentner.

## Gesundheitspolitik

Zum neuen Jahrtausend trat als erster Teil der Reform der gesetzlichen Krankenversicherung (KGV) das Einspruchsgesetz in Kraft. Trotz erster Maßnahmen zur besseren Vernetzung von ambulanter und stationärer Versorgung und zur Stärkung der hausärztlichen Versorgung gerieten die Krankenversicherer weiter in finanzielle Schwierigkeiten, so dass vor allem die Arbeitgeber eine Entlastung bei den Lohnnebenkosten und die Festschreibung des Krankenversicherungsbeitrages forderten. Im Januar 2002 stellte der SoVD unter dem Motto „Gesundheit hat Zukunft! Vorschläge für eine sozialverträgliche Reform der solidarischen Krankenversicherung“ sein Konzept dazu vor.

Bereits im Vorfeld der von der Bundesregierung für 2004 angekündigten Gesundheitsreform machte sich der SoVD öffentlich für die Einführung einer Bürgerversicherung zur langfristigen Finanzierung der gesetzlichen Krankenversicherung stark. Nachdem das GKV-Modernisierungsgesetz (GMG) zum 1. Januar 2004 in Kraft trat, brachte die Umsetzung allerlei Schwierigkeiten mit sich. So gab es Probleme mit den neuen Zuzahlungs- und Kostenübernahmeregelungen, von denen insbesondere Patienten und Heimbewohner mit geringen Einkommen betroffen waren. Als generelle Konsequenz forderte der SoVD, die Zuzahlungsregelungen wieder zurückzunehmen.

Die zu Beginn des Jahres 2005 wirksam gewordene Neuregelung beim Zahnersatz lehnte der SoVD mit Hinweis auf die Belastungen der Versicherten ebenfalls ab.

In öffentlichen Anhörungen des Bundestags-Gesundheitsausschusses wiederholte der SoVD seine Kritik. Infolge des Protestes erhielt der Verband ein Antrags- und Mitberatungsrecht im Gemeinsamen Bundesausschuss, der sich im Januar 2004 konstituierte. So war es möglich, die Ausprägung von Regelungen im Patienteninteresse zu gestalten.

Mit der Präsentation der „Eckpunkte der Gesundheitsreform 2006“ im Juli 2006 leitete Bundeskanzlerin Angela Merkel dann eine weitreichende gesundheitspolitische Debatte ein. Der Verband kritisierte die Verschiebung der paritätischen Finanzierung der gesetzlichen Krankenversicherung. Der Trend zur allgemeinen Privatisierung von Gesundheitsleistungen wurde aber fortgesetzt.

Daher verstärkte der SoVD Mitte 2006 seine öffentlichen Proteste und seine politische Interessenvertretung mit dem Ziel, die Reform zu verhindern. Letztlich blieben aber auch hierbei die Bemühungen der Sozialverbände, Gewerkschaften und Krankenkassen ohne Erfolg und der Bundestag beschloss das GKV-Wirtschaftlichkeitsstärkungsgesetz (GKV-WSG) am 2. Februar 2007, so dass es zum 1. April in Kraft trat.

Zur Stärkung der Rechte todkranker Menschen stellte das Bundesjustizministerium im Juli 2004 den Gesetzesentwurf „Patientenautonomie am Lebensende" vor. Diese Initiative begrüßte der SoVD als Stärkung des Selbstbestimmungsrechts von Patienten und veröffentlichte neben dezidierten Kriterien für die Gültigkeit von Patientenverfügungen auch eine Informationsbroschüre, die noch heute in ständig aktualisierter Form erscheint.

Die Proteste hielten an und dennoch wurden die grundlegenden Veränderungen des Gesundheitssystems durch die Bundesregierung fortgesetzt. Der Verband versuchte stets die Belastungen wenigstens abzumildern und die Gesetzes- und Reformvorhaben zu Gunsten der Versicherten und Patienten weiter aktiv mitzugestalten, um Mehrbelastungen und Leistungseinschränkungen zu reduzieren.

Mit der Einführung des Gesundheitsfonds zum 1. Januar 2009 wurden viele der geäußerten Befürchtungen des Verbandes in Gesetzesform gegossen: Zusatzbeiträgen oder auch einseitige Belastunge der Versicherten waren dringend zu befürchten. Dies galt insbesondere vor dem Hintergrund der auch durch die Finanz- und Wirtschaftskrise verstärkten Defizite bei den Krankenkassen. Auch die Diskussion um die sog. Kopfpauschale nahm Fahrt auf.

Um den Protest u.a. gegen die Kopfpauschale zu bündeln, beteiligte sich der SoVD an der Reformkommission „Für ein solidarisches Gesundheitssystem der Zukunft" und dem Aktionsbündnis „Köpfe gegen Kopfpauschale". Ziel waren der Erhalt und Ausbau der solidarischen Krankenversicherung. Dies machte der SoVD auch während des Gesetzgebungsverfahrens in Gesprächen und Anhörungen immer wieder deutlich. Anlässlich der Bundestagsdebatte zum Entwurf des GKV Finanzierungsgesetzes sprach SoVD-Präsident Adolf Bauer von einer Attacke auf den Sozialstaat und mahnte den Abbau unwirtschaftlicher Strukturen auf der Ausgabenseite an.

Bei einer breiten Kampagne des Aktionsbündnisses gegen die Kopfpauschale kamen mehr als 150.000 Unterschriften zusammen, so dass sich der Petitionsausschuss im Mai 2011 mit dieser Thematik in einer öffentlichen Anhörung befasste.

Im Ergebnis wurde der vollständige Umstieg auf die Kopfpauschale mit der Gesundheitsreform 2010 verhindert und die Arbeitgeber nochmals an der Anhebung des Beitragssatzes beteiligt. Auch der einheitliche Leistungskatalog blieb unangetastet.

Trotz aller Rückschläge im Bereich der Gesundheitspolitik gelang es damit dem Verband und seinen politischen Partnern, die Gesundheitsreformen positiv zu begleiten und vor allem die Einführung der Kopfpauschale und die Entsolidarisierung der Krankenversicherung zu verhindern.

## Pflegepolitik

Die pflegepolitische Arbeit des SoVD war neben mehreren „kleinen" Einzelaspekten, insgesamt vom Bemühen getragen, die Pflegeversicherung weiterzuentwickeln. Dabei sorgten Pläne der Rürup-Kommission zur Neuordnung der Pflegeversicherung für Unruhe. Die vorgesehenen Leistungskürzungen in den Pflegestufen I und II lehnte der SoVD ebenso ab wie die drastische Steigerung des Pflegeversicherungsbeitrags der Rentner zur langfristigen Finanzierung der Pflegeversicherung.

Im Bereich der häuslichen und stationären Pflege setzte der SoVD seine erfolgreiche Arbeit in der 1997 gegründeten Aktion gegen Gewalt in der Pflege (AGP) fort.

Der intensive Dialog mit politischen Entscheidern führte letztlich dazu, dass im April 2000 zwei wichtige Gesetzesinitiativen zur Stärkung von Heimbewohnerrechten und zur Verbesserung der Pflegequalität gestartet wurden: Das Bundesministerium für Familie, Senioren, Frauen und Jugend legte einen Gesetzesentwurf zur Verbesserung der Rechtsstellung und des Schutzes der Bewohnerinnen und Bewohner von Heimen (Heimbewohnerschutzgesetz-Heim – BSG) vor.Außerdem sollte durch verschiedene Anpassungen eine tiefere Harmonisierung von Heimgesetz und Pflegeversicherungsgesetz (SGB XI) erreicht werden. Das Bundesgesundheitsministerium legte den Entwurf für ein Gesetz zur Qualitätssicherung und zur Stärkung des Verbraucherschutzes in der Pflege (Pflege-Qualitätssicherungsgesetz – PQsG) mit Maßnahmen zur Stärkung der Eigenverantwortung der Pflegeselbstverwaltung, zur Sicherung, Weiterentwicklung und Prüfung der Pflegequalität und zur Stärkung der Verbraucherrechte vor.

Der SoVD begrüßte diese Gesetzesinitiativen ausdrücklich und unterstützte den gesetzgeberischen Weg mit Stellungnahmen, die weitere Verbesserungsvorschläge wie die Einbindung des MDK in die Qualitätsprüfung und die Erarbeitung eines bundesweit gültigen Pflegeschlüssels enthielten.

Im August 2001 verabschiedete das Bundeskabinett dann einen Entwurf für ein Pflegeleistungs-Ergänzungsgesetz, bei dem die Verbesserung der Pflege von

Demenzkranken im Fokus stand. Zudem sollten neue Versorgungskonzepte und -strukturen entwickelt und die Beratungsangebote sowie die Öffentlichkeitsarbeit verbessert werden.

Wie dringlich neue Regelungen im Pflegebereich gebraucht wurden, untermauerten die Meldungen über Missstände in fast jedem dritten Pflegeheim. Der SoVD forderte daher ein entschlossenes Vorgehen gegen die Pflegemissstände und startete Mitte 2002 eine große Pflegekampagne mit dem Schwerpunktthema Dekubitus. Pflege-Dachverbände und die SoVD-Mitglieder wurden aufgefordert, über ihre Erfahrungen mit Pflegediensten und -einrichtungen zu berichten. Das so entstandene Bild der Pflegesituation floss auch in die Arbeit des SoVD im Bundespflegeausschuss ein. Zum Jahresanfang 2002 traten dann das bereits skizzierte Pflege-Qualitätssicherungsgesetz, das Pflegeleistungs-Ergänzungsgesetz sowie die Novellierung des Heimgesetzes in Kraft.

Im Herbst 2002 bestätigte das Bundesverfassungsgericht in Karlsruhe dann das Altenpflegegesetz, mit dem erstmals die Zugangsvoraussetzungen zu Pflegeberufen sowie Dauer und Inhalte der Ausbildungen bundesweit vereinheitlicht und geregelt wurden.

Unter Mitwirkung des SoVD konnten so zwischen Herbst 1999 und Sommer 2003 wichtige Fortschritte in der Pflege erzielt werden, obwohl in den Bereichen Qualitäts- und Finanzierungssicherheit noch Handlungsbedarf bestand.

Zur aktiven Gestaltung dieser Pflegereformdiskussion legte der SoVD im Herbst 2004 seine „12 Forderungen für eine würdevolle Pflege“ vor. Darin mahnte der Verband mehr Transparenz über die Qualität einzelner Heime sowie eine grundsätzliche Qualitätsoffensive an, um Anspruch und Wirklichkeit in der Pflege wieder in Einklang zu bringen. Ebenso sprach sich der Verband für eine Stärkung der häuslichen Pflege, neue Wohnformen sowie mehr Prävention und eine bessere ärztliche Versorgung pflegebedürftiger Menschen aus.

Diesem Ziel diente auch der von den Bundesministerien für Gesundheit und Soziale Sicherung (BMGS) sowie für Familie, Senioren, Frauen und Jugend (BMFSFJ) gegründete „Runde Tisch in der Pflege“, an dem der SoVD teilnahm. Hier sollte über die Verbesserung der Betreuung und Pflege sowie die Optimierung der Versorgungsstrukturen in der Altenhilfe beraten und diese mittels Selbstverpflichtungen aller Beteiligten umgesetzt werden. Im September 2005 wurde schließlich die „Charta der Rechte hilfe- und pflegebedürftiger Menschen“ verabschiedet. Der SoVD sah die Charta als Richtschnur für das weitere politische Handeln.

Auf Initiative des Frauenausschusses erarbeitete die Abteilung Sozialpolitik zusammen mit dem Arbeitskreis „Zukunft der Pflege" einen Entwurf für ein Pflegezeitgesetz zur besseren Vereinbarkeit von Pflege- und Erwerbstätigkeit. Vorgestellt auf einer Pressekonferenz am 12. Juni 2006 wurde dieser Entwurf ein echter Erfolg für den Verband: Am 18. Juni 2007 einigte sich die Große Koalition auf die Einführung einer gesetzlichen Pflegezeit für Arbeitnehmende zur Stärkung der häuslichen Pflege.

Im Mai 2007 stellt der SoVD seinen aktualisierten Forderungskatalog „Für eine würdevolle Pflege" zur Reform der Pflegeversicherung vor. Zum Kern gehörte die Forderung nach einem Paradigmenwechsel hin zu einer teilhabeorientierten Pflege.

## Rehabilitation und Behindertenrecht

Der SoVD beteiligte sich selbstverständlich auch an der Weiterentwicklung der bundesdeutschen Behindertenpolitik und arbeitete an den drei zentralen Gesetzesvorhaben der 2000er mit:

*Beteiligung und Weiterentwickliung zentraler Gesetzesvorhaben*

### 1. Die Novelle des Schwerbehindertengesetzes

Bereits im Herbst 1999 hatte der SoVD mit Blick auf die angestrebte Novellierung des Schwerbehindertengesetzes seine grundlegenden Forderungen dargelegt. Mit klaren Positionen ging der SoVD also in die Gespräche, zu denen Bundesarbeitsminister Walter Riester die Sozial- und Behindertenverbände und Gewerkschaften Ende 1999 eingeladen hatte. Im Mai 2000 legten die Gesprächspartner schließlich konkrete Inhalte der Novelle fest, wie etwa die deutliche Senkung der Arbeitslosigkeit Schwerbehinderter, eine Neuordnung der Ausgleichsabgabe und die zeitlich begrenzte Absenkung der Beschäftigungspflichtquote auf 5 Prozent. Darüber hinaus griff das Gesetz auch Punkte auf, die der SoVD schon lange forderte:

- Stärkung der Rechte der Schwerbehinderten und Konkretisierung der Arbeitgeber-Pflichten; Schaffung des Rechtsanspruchs auf Übernahme der Kosten einer notwendigen Arbeitsassistenz; Verankerung und Förderung von Integrationsfachdiensten und Integrationsfirmen; Ausbau der Rechte der Schwerbehindertenvertretungen
- Schaffung von Integrationsvereinbarungen.

Begleitet von der bundesweiten Kampagne „50.000 neue Jobs für schwerbehinderte Menschen“, die der SoVD auf allen Ebenen unterstützte, trat die Novelle des Schwerbehindertengesetzes am 1. Oktober 2000 in Kraft.

### 2. einheitliches Sozialgesetzbuch Rehabilitation (SGB IX)

Der SoVD bewertete die im September 1999 von der Bundesregierung vorgelegten Eckpunkte als gute Grundlage für weitere Gespräche, machte aber auch klar, dass die Chance genutzt werden müsse, das Rehabilitationsrecht weiterzuentwickeln, die Schnittstellenproblematik zu lösen sowie die Versorgung chronisch kranker und behinderter Menschen deutlich zu verbessern. Zum 1. Juli 2001 trat das „Sozialgesetzbuch IX Rehabilitation und Teilhabe behinderter Menschen in Kraft. Darin waren wesentliche Forderungen des Verbandes umgesetzt worden.

### 3. Gleichstellungsgesetz für Menschen mit Behinderungen

Zu dem vom SoVD und von anderen Behindertenverbänden schon lange geforderten Gleichstellungsgesetz legte die Regierungskoalition im Sommer 2001 einen Entwurf vor, der nach eingehenden Beratungen in Bund und Ländern am 22. Februar 2002 vom Bundesrat verabschiedet wurde und zum 1. Mai in Kraft trat.

Über die Neuerungen informierte der SoVD umfassend und beteiligte sich mit zahlreichen Aktionen und Informationsveranstaltungen daran, über behindertenpolitische Aspekte zu informieren. Dieses Ziel verfolgte auch der im Dezember 1999 gegründete Deutsche Behindertenrat (DBR), dem der SoVD ebenfalls beitrat und damit sein vielfältiges Engagement für die Rechte und Bedürfnisse behinderter Menschen unterstrich.

Ein zentrales Anliegen des Sozialverbands Deutschland waren die Verbesserung des Sozialgesetzbuchs Rehabilitation und Teilhabe behinderter Menschen (SGB IX) und die Nutzbarmachung der darin enthaltenen Instrumente, etwa des persönlichen Budgets oder der Arbeitsassistenz.

Gegen die viel diskutierte Föderalismusreform hegte der SoVD zwar keine grundlegenden Vorbehalte, jedoch befürchtete der Verband, dass durch die Neuordnung der Kompetenzen zwischen Bund und Ländern das Behindertengleichstellungsgesetz und das Sozialgesetzbuch IX ausgehöhlt werden könnten. Erfolgreich verliefen, nach zwei gescheiterten Anläufen, letztlich die Verhandlungen um das „Allgemeine Gleichbehandlungsgesetz“ (AGG), das am 18. August 2006 in Kraft trat und unter anderem die Merkmale „Behinderung“ und „Alter“ berücksichtigte – aus Sicht des SoVD ein großer Erfolg und ein Zeichen für eine tolerante Gesellschaft. Auf internationaler Ebene zählte die Verabschiedung der Konvention der Vereinten Nationen (UN) zum Schutz behinderter Menschen zu den größten Erfolgen. Der SoVD war als einer der großen Behindertenverbände in Deutschland direkt an den Verhandlungen in New York beteiligt und trug dazu bei, dass auch die Rechte behinderter Frauen in der Konvention verankert wurden.

Mit seinen Berufsbildungswerken in Bremen und Stendal leistete der Verband auch selbst einen wichtigen praktischen Beitrag zur beruflichen Teilhabe behinderter und schwerbehinderter Menschen. Im Oktober 2005 gründeten der SoVD, die Arbeitsgemeinschaft der Deutschen Berufsförderungswerke, die Bundesarbeitsgemeinschaften der Integrationsfirmen, der Berufsbildungswerke und für Unterstützte Beschäftigung sowie der VdK dann das Aktionsbündnis für berufliche Teilhabe. Ziel war es, die Interessen zu bündeln und die fachliche Diskussion zu vertiefen.

## *Der SoVD wird als Behindertenverband anerkannt*

Im Zusammenhang mit dem Wirken des SoVD in den Bereichen des Behindertenrechts und der Rehabilitation erging am 26. Juli 2002 seitens des Bundesministeriums für Arbeit und Sozialordnung der Bescheid, durch den der SoVD als Behindertenverband anerkannt wurde. Damit konnte er die Interessen behinderter Menschen, beispielsweise durch Verbandsklagen und Zielvereinbarungen, wesentlich aktiver vertreten als bisher.

Wie oben geschildert 2006 beteiligte sich der SoVD an den Verhandlungen zur Konvention in New York und erreichte eine Verankerung der Rechte behinderter Frauen. Im Rahmen des Ratifikationsprozesses in Deutschland gelang es dem Verband und befreundeten Organisationen im Dezember 2008, eine Entschließung des Bundestages auf den Weg zu bringen, die insbesondere den großen Handlungsbedarf im Bereich inklusiver Bildung betonte. Nach der Ratifizierung Ende 2008 trat die UN-Behindertenrechtskonvention auch in Deutschland am 26. März 2011 in Kraft und war Auslöser für vielfältige Aktivitäten und behindertenpolitische Diskussionen. So wurden die acht Handlungsfelder Bildung, Arbeit, Gesundheit, Barrierefreiheit, selbstbestimmtes Leben, Freiheits- und Schutzrechte, Gleichstellung und Frauen im Aktionsplan verankert.

Die inklusive Bildung, also das gemeinsame Lernen behinderter und nicht behinderter Kinder, war seit 2008 ein Schwerpunkt in der Behindertenpolitik des SoVD. Denn mit einer Integrationsquote von nur 15 Prozent war die Bundesrepublik eines der europäischen Schlusslichter. Die Sonderschulquote hingegen war eine der höchsten; fast drei Viertel der Sonderschüler verließen die Schule ohne anerkannten

Abschluss. Durch viele Aktionen und öffentlichkeitswirksame Maßnahmen auf Grundlage des Positionspapiers „UN-Behindertenrechtskonvention umsetzen – inklusive Bildung verwirklichen“ vom März 2009 gelang es dem SoVD, das Thema inklusive Bildung fest in der behindertenpolitischen Diskussion und auch im gesellschaftlichen Bewusstsein zu verankern.

Auch die berufliche Teilhabe behinderter und schwerbehinderter Menschen blieb ein Arbeitsschwerpunkt des SoVD. Vor dem Hintergrund der steigenden Arbeitslosigkeit schwerbehinderter Menschen von 170.000 im Jahre 2007 auf 189.000 Anfang 2011 kritisierte der SoVD die im Mai 2011 ins Kabinett eingebrachte Instrumentenreform. Mit dieser sollten bis 2015 fast 8 Milliarden Euro bei der aktiven Arbeitsmarktförderung eingespart werden. Gegen diese allein fiskalpolitisch geprägten Überlegungen der Bundesregierung setzte sich der Verband mit aller Deutlichkeit zur Wehr.

Der Kampf um Barrierefreiheit führte im Dezember 2008 schließlich zur Gründung des Bundeskompetenzzentrums Barrierefreiheit (BKB) in Berlin. Gefördert wurden durch den SoVD und 13 weitere Verbände unter anderem ein mobiler Stadtführer zur Barrierefreiheit, ein Kriterienkatalog für Leichte Sprache, ein Anforderungskatalog für barrierefreie Veranstaltungen und ein Handbuch für Barrierefreiheit in Hotellerie und Gastronomie. Mit dem BKB zeigte der Verband den politischen und gesellschaftlichen Akteuren, dass Barrierefreiheit vor allem in den Köpfen der Verantwortlichen beginnt. Auch im Rahmen der Bündnisarbeit im Deutschen Behindertenrat wurden politische Prozesse hin zu einer inklusiven Gesellschaft maßgeblich begleitet und angestoßen.

Aus seiner Kritik am Bundesbehindertenbericht 2009 leitete der SoVD ein inhaltlich wie prozessuales Forderungspapier zur Behindertenberichterstattung ab, übersandte es den Fraktionen des 17. Deutschen Bundestages und erreichte eine Neukonzeption des Berichtes ab 2012.

Darüber hinaus setzte sich der SoVD aktiv für den Nachteilsausgleich ein. So wandte sich der SoVD 2010 gegen Pläne der Länder, die Rundfunkgebührenbefreiung behinderter Menschen abzuschaffen. Außerdem forderte der SoVD die Wiedereinführung der Gebührenbefreiung für Bezieher niedriger Einkommen und eine Anhebung der seit 1975 fast unveränderten Behindertenpauschbeträge. Letzteres wurde im Frühjahr 2011 zwar erwogen, fand aber keine parlamentarische Mehrheit.

Neben der Einführung des persönlichen Budgets für Menschen mit Behinderung ab dem 1. Januar 2008, die der SoVD begleitete, war die Weiterentwicklung des Antidiskriminierungsgesetzes ein wichtiges Thema. 2006 eingeführt, schützt es unter anderem ältere oder behinderte Menschen vor ungerechtfertigter Benachteiligung im Alltag.

Der SoVD forderte zudem die Bundesregierung auf, EU-Richtlinien zum Schutz vor Diskriminierung außerhalb von Beruf und Beschäftigung zu verabschieden, um so einheitliche Schutzregelungen in der ganzen EU zu erreichen.

## Kriegsopferversorgung

Auch im jahrelangen Kampf für eine Gleichbehandlung der Kriegsopfer und Hinterbliebenen in Ost- und Westdeutschland hatte der SoVD schließlich Erfolg: Am 14. März 2000 entschied das Bundesverfassungsgericht im Rahmen zweier Verfassungsbeschwerden des Verbandes, dass Vorschriften des Einigungsvertrages mit dem Grundgesetz unvereinbar waren, weil die Beschädigtengrundrente auch nach dem 31. Dezember 1998 im Beitrittsgebiet anders berechnet wurde als im übrigen Bundesgebiet. Dieses wegweisende Urteil führte zu einer rückwirkenden Anhebung der Beschädigtengrundrenten für gut 60.000 Kriegsopfer in den neuen Bundesländern. Erfolgreich setzte sich der SoVD für Betroffene nach dem Bundesversorgungsgesetz und den weiteren Gesetzen des Sozialen Entschädigungsrechts ein. So war etwa die Heil- und Krankenbehandlung kriegsbeschädigter Menschen nicht von der ab 1. Januar 2004 geltenden Gesundheitsreform (Gesundheitsmodernisierungsgesetz) betroffen.

Auf Betreiben des SoVD entschied das Bundessozialgericht am 18. Juni 2003 zudem, dass rückwirkend zum 1. Januar 1999 auch die Schwerstbeschädigtenzulage ohne Absenkung nach § 84a BVG zu gewähren sei. Eine solche Entscheidung konnte jedoch nicht für die Witwenversorgung und die Ausgleichsrenten erreicht werden.

Im Januar 2007 entschied das Bundessozialgericht zudem, dass die Grundrente von Kriegsbeschädigten nicht zur Bemessung von Krankenversicherungsbeiträgen herangezogen werden darf.

Und auch für die Erhöhung der Versorgungsbezüge der ostdeutschen Kriegsopfer auf „Westniveau" setzte sich der SoVD weiter ein.

Diese Ergebnisse sind wichtige Erfolge des Verbandes in der Kriegsopferversorgung, der sich der SoVD bereits aus Tradition besonders verpflichtet sah und sieht.

## Frauenpolitische Arbeit im SoVD

Die frauen- und gleichstellungspolitische Arbeit des Verbandes war und ist grundsätzlich von der Forderung nach voller Gleichberechtigung von Frauen in der Gesellschaft und im Arbeitsleben getragen und damit politische Querschnittsaufgabe. Das Urteil des Europäischen Gerichtshofes vom 11. Januar 2000, wonach der Klage einer Frau auf freiwilligen Dienst in der Bundeswehr stattgegeben wurde, sah der SoVD als Schritt zur gesamtgesellschaftlichen Gleichstellung. Weiterhin war die eigenständige Alterssicherung von Frauen ein wichtiges Thema, bei dem der SoVD insbesondere verbesserte Rahmenbedingungen für die Erwerbsarbeit von Frauen inklusive einer stärkeren rentenrechtlichen Anerkennung von Erziehungs- und Pflegezeiten forderte.

Um auf die Belange von Frauen mit Behinderung aufmerksam zu machen, führte der Verband mehrere Konferenzen und Veranstaltungen durch, bei denen unter anderem die Situation behinderter Frauen in Ost und West, die Chancengleichheit auf dem Arbeitsmarkt und die Erwartung behinderter Frauen an die Gleichstellungsgesetzgebung thematisiert wurden. Die Bundesfrauenkonferenz 2001 setzte sich zudem dezidiert mit der Situation von Frauen in Pflegeberufen und als pflegende Angehörige auseinander und forderte dazu auf, diesen Frauen mehr gesamtgesellschaftliche Unterstützung zukommen zu lassen.

## Arbeitsmarkt und Verteilungsgerechtigkeit

Im April 2001 beteiligte sich der SoVD erstmals an den Beratungen zum durch die Bundesregierung neu vorgestellten Armuts- und Reichtumsberichts. In seiner Stellungnahme verwies der SoVD auf die schwierige Situation chronisch kranker und älterer Menschen und warnte vor einem weiteren Auseinanderklaffen der Schere zwischen Arm und Reich. Mit diversen Pressemitteilungen und Stellungnahmen machte der SoVD auf die anhaltend schwierige Lage auf dem Arbeitsmarkt aufmerksam und forderte von der Bundesregierung eine aktive Politik zur Bekämpfung der strukturell verfestigten Arbeitslosigkeit.

Bei der kritischen Begleitung der „Agenda 2010“ und der damit verbundenen Neuordnung des Arbeitsmarktes, unter anderem durch die „Hartz-Kommission“, stand für den SoVD die Sicherung von Schutzrechten chronisch kranker und behinderter Arbeitnehmer im Fokus. Die vier Arbeitsmarktgesetze waren zentraler Bestandteil der Agenda 2010 mit dem Ziel einer effizienteren Gestaltung der Arbeitsmarktpolitik sowie der Reform der Bundesanstalt für Arbeit. Bereits seit 2004 informierte der Verband daher in Sozial-Infos, der SoVD-Mitgliederzeitung und dem neuen SGB II-Leitfaden über die Neuregelungen.

Die größte sozialpolitische Umwälzung brachte wohl das im Juli 2004 vom Bundesrat verabschiedete Vierte Gesetz für moderne Dienstleistungen am Arbeitsmarkt (Hartz IV), das größtenteils zum 1. Januar 2005 in Kraft trat. Es beinhaltete die Zusammenlegung von Arbeitslosen- und Sozialhilfe zu einer einheitlichen Grundsicherung für alle Arbeitssuchenden.

Der SoVD lehnte Hartz IV in aller Deutlichkeit ab und warnte von Anfang an vor den damit einhergehenden teils erheblichen Leistungseinschränkungen sowie der Verschärfung der sozialen Schieflage.

## *Öffentlicher Aufruf gegen Sozialbabau*

Der Verband stemmte sich gegen den einseitigen Sozialabbau, rief zu breitem öffentlichem Protest auf und gestaltete mit eigenen Vorschlägen die sozialpolitische Diskussion.

Aus den „Hartz-Gesetzen“ und der ab Januar 2005 gültigen Zusammenlegung von Arbeitslosen- und Sozialhilfe sowie der Betroffenheit vieler älterer, gesundheitlich eingeschränkter und behinderter Menschen resultierte der Auftrag der 15. Bundesverbandstagung, sich verstärkt auch unmittelbar mit den Fragen des Arbeitsmarktes zu befassen.

Auch dank der kontinuierlichen Arbeit des Verbandes gab es kurz vor der Bundestagswahl 2005 tatsächlich einige Korrekturen: So wurden die Hinzuverdienstgrenzen beim Arbeitslosengeld II mit dem Freibetragsneuregelungsgesetz reformiert. Und für die Angleichung der Regelleistungen in den neuen Bundesländern an das Westniveau gab es das 1. SGB-II-Änderungsgesetz. Im Gegenzug wurden im parlamentarischen Verfahren jedoch Verschlechterungen bei der Grundsicherung für Arbeitssuchende verankert. Durch die Halbierung der Rentenversicherungsbeiträge u.a. für Arbeitslosengeld II Beziehende, halbierten sich auch die Rentenanwartschaften der Betroffenen. Im Sommer 2006 folgten mit dem SGB-II-Fortentwicklungsgesetz weitere Korrekturen bei „Hartz IV“. Neben weiteren Verschlechterungen wie der Verschärfung der Sanktionsregelungen, wurden jedoch auch Forderungen des SoVD z.B. zu höheren Freibeträgen für die Altersvorsorge von ALG II Beziehenden umgesetzt.

Trotzdem: Der SoVD mahnte weiterhin höhere Hartz-IV-Regelsätze vor allem für Kinder an und forderte die realitätsgerechte Bemessung und inflationsbasierte Fortschreibung der Regelsätze.

Mit dem sog. Regelsatzurteil des Bundesverfassungsgerichts vom 9. Februar 2010 wurde der Verband dann letztendlich in seinen Forderungen bestätigt: Darin stellte das Gericht fest, dass die bisherige Ermittlung der Regelsätze gegen die Menschenwürde und das Sozialstaatsprinzip verstößt. Eine verfassungskonforme Neuregelung der Hartz-IV-Sätze musste bis zum 31. Dezember 2010 erfolgen. Durch das Urteil wurde zudem eine Härtefallregelung für unabweisbare laufende, nicht nur einmalige Sonderbedarfe getroffen. Das Fehlen einer solchen Regelung hatte das Gericht ebenfalls als einen Verstoß gegen die Menschenwürde und das Sozialstaatsprinzip gewertet.

Der SoVD informierte selbstverständlich durch seine Medien über die Härtefallklausel und die damit verbundenen zusätzlichen Leistungen. Die vom Bundesverfassungsgericht geforderte Neubemessung der Regelsätze erfolgte jedoch erst im Herbst 2010 als Rentenbedarfsermittlungsgesetz, als die erforderlichen statistischen Daten der Einkommens- und Verbrauchsstichprobe vorlagen.

Zu Beginn des Jahres 2007 rückte ein weiteres politisch sehr kontroverses arbeitsmarktpolitisches Thema in den Fokus: der Mindestlohn. Der SoVD forderte den Mindestlohn unter arbeitsmarktpolitischen Aspekten ebenso wie zur Verhinderung der wachsenden Altersarmut. Den im Juni 2007 von der Bundesregierung vorgestellten Kompromiss für einen tariflichen Mindestlohn sah der SoVD daher als ersten Schritt in die richtige Richtung, dem der gesetzliche Mindestlohn folgen müsse. Nach intensiver Diskussion und auch auf Druck des Verbandes und befreundeter Organisationen einigte sich die Große Koalition schließlich im Februar 2009 darauf, zunächst sechs Branchen in das Arbeitnehmer-Entsendegesetz aufzunehmen. Später kamen weitere wie etwa die Pflege- und die Leiharbeitsbranche hinzu.

Im Sommer 2007 begann die globale Bankenkrise, die Ende 2008 auf die Wirtschaft übergriff und in Deutschland sowie den meisten anderen Industriestaaten zu einem massiven Einbruch der Wirtschaftsleistung führte. In Deutschland folgte die größte Rezession in der Nachkriegsgeschichte mit erheblichen Auswirkungen auf die Sozialpolitik.

Die Bundesregierung reagierte mit einem Bankenrettungspaket und den Konjunkturpaketen I und II, die unter anderem eine stärkere Förderung der Kurzarbeit und die befristete Senkung des Beitragssatzes zur gesetzlichen Krankenversicherung (GKV) enthielten.

Der SoVD betonte, dass der Sozialstaat gerade in Zeiten der Wirtschaftskrise eine wichtige Stabilisierungsfunktion habe. Der Verband machte deutlich, dass die Lasten der Krise nicht auf Arbeitnehmer und Rentner abgewälzt werden dürften. Gemeinsam mit der Volkssolidarität rief der SoVD die Initiative „Sozialabbau stoppen!

Sozialstaat stärken!“ ins Leben, mit der die besondere Bedeutung des Sozialstaates als Grundlage einer solidarischen und friedlichen Gesellschaft betont wurde. Im Sommer 2009 wurde eine Schuldenbremse im Grundgesetz verankert. Konkrete Maßnahmen zur Gegenfinanzierung der milliardenschweren Rettungspakete wurden erst nach der Bundestagswahl 2009 debattiert.

Letztendlich verständigte man sich auf ein Sparpaket von 80 Milliarden Euro, dessen Gros auf die Sozialpolitik entfiel. Allein in der Arbeitsmarktpolitik, insbesondere bei „Hartz-IV-Leistungen“, sollten 29,5 Mrd. Euro eingespart werden. Hinzu kamen Kürzungen beim Elterngeld.

Unter dem Eindruck der Krise und ihrer Folgen übernahm 2009 die neue christlich-liberale Bundesregierung die schwere Aufgabe, die soziale Balance im Land und damit den sozialen Frieden zu wahren und wieder zu stärken. Die Vorbelastungen der Arbeitnehmenden durch sinkende Reallöhne mussten dabei ebenso berücksichtigt werden wie die ausufernde Leiharbeit und geringfügige Beschäftigung. Auch Themen wie Kinderarmut, Altersarmut und Einkommensarmut standen auf der politische Agenda.

*Sparpaket verschärfe die soziale Schieflage und die Kluft zwischen Arm und Reich*

Die Konjunkturpakete und das damit verbundene Instrument der Kurzarbeit stabilisierten den Arbeitsmarkt und ließen, zusammen mit einer guten Konjunktur, die Arbeitslosenzahlen im Oktober 2010 überraschend auf den niedrigsten Stand seit 18 Jahren sinken. Dennoch brachte die Bundesregierung schon auf ihrer Kabinettsklausur in Meseberg im Juni 2010 ein Sparpaket auf den Weg. Mehr als ein Drittel der Einsparungen von 80 Milliarden Euro entfiel dabei auf die Arbeitsmarktpolitik. Besonders die Abschaffung des befristeten Zuschlags beim Übergang vom Arbeitslosengeld I zum Arbeitslosengeld II, die vollständige Anrechnung des Kindergeldes auf das Arbeitslosengeld II sowie die Abschaffung der Rentenbeiträge beim Bezug von Arbeitslosengeld II kritisierte der SoVD als sozial unausgewogen. Das Sparpaket verschärfe die soziale Schieflage und die Kluft zwischen Arm und Reich.

## SoVD-Jugend

Die Arbeit der INTEG-Jugend folgte den wichtigen Feldern des SoVD. Auf der Agenda standen Themen wie Schule, inklusive Bildung, Bewerbung und Ausbildung, aber auch die UN-Behindertenrechtskonvention und die Teilhabe behinderter Menschen.

Die Bundesjugendkonferenz 2010 stand unter dem Motto „Generation Hartz IV – von der Ausbildung in die Arbeitslosigkeit".

Zum Bundesjugendvorstand wurde Nico Hamkens gewählt. Beschlossen wurde auch, die INTEG-Jugend in „SoVD-Jugend" umzubenennen und die Öffentlichkeitsarbeit der Jugendorganisation weiter auszubauen. So wurde etwa der Internetauftritt unter www.sovdjugend.deprofessionalisiert und bis 2010 durch die Einbindung sozialer Netzwerke modernisiert.

*Internetkampagne*
*Menschen helfen Menschen im Alltag*

## Bürgerschaftliches Engagement und Kampagne „Gut tun tut gut"

Als wichtiges Element einer solidarischen Gesellschaft machte sich der SoVD für die Aufwertung des ehrenamtlichen Engagements stark. Mit der Kampagne „Gut tun tut gut" machte der Verband auf die vielfältige ehrenamtliche Arbeit im SoVD aufmerksam. Am 30. August 2006 startete der Verband die Kampagne mit einer publikumswirksamen Luftballonaktion in Berlin. Zuvor hatten SoVD-Präsident Adolf Bauer und Schirmherrin Prof. Dr. Gesine Schwan öffentlich Maßnahmen zur Förderung ehrenamtlichen Engagements vorgestellt. Die Botschaft der SoVD-Kampagne war: Es ist einfach und muss nicht viel Zeit kosten, andere zu unterstützen und Freude daran zu haben. Für breite Beteiligung sorgte die auf dem Internetauftritt der Kampagne eingerichtete „Gut tun tut gut"-Börse", wo Hilfesuchende Unterstützung fanden und persönliche Hilfsangebote präsentiert wurden. Die Kampagnenbotschafterinnen und Botschafter der Landesverbände wurden geschult und vernetzten sich untereinander. Zudem wurde vielfältiges Material zur Verfügung gestellt (Infoflyer, Plakate etc.). Ein Newsletter informierte regelmäßig über den Kampagnenverlauf. Ein großer Erfolg wurde auch das Ratgeberbuch „Gut tun tut gut – Menschen helfen Menschen im Alltag – 70 kleine Ideen und Tipps für Glückbringer", von dem über 11.000 Exemplare verkauft wurden.

Trotz der besonderen Würdigung ehrenamtlichen Engagements durch die Kampagne war es für den Verband wichtig zu betonen, dass ehrenamtliches Engagement keinen Verdrängungswettbewerb zu Lasten sozialversicherungspflichtiger Beschäftigung auslösen dürfe und wohlfahrtsstaatliche Aufgaben in der Verantwortung des Staates liegen.

## In memoriam: Hans Fiedler

Am 13. Februar 2008 verstarb Hans Fiedler. Der langjährige Präsident und Ehrenpräsident des SoVD wurde 81 Jahre alt. Von 1962 bis 1999 gehörte Fiedler dem niedersächsischen Landesvorstand an und engagierte sich auch auf Bundesebene. Seit 1966 war Hans Fiedler Mitglied im Bundesvorstand, 1983 wurde er ins Präsidium berufen. 1990 übernahm er das Amt des 2. Bundesvorsitzenden, sieben Jahre später wurde er zum Präsidenten gewählt. Im Juni 2001 trat Hans Fiedler als SoVD-Präsident zurück und wurde zum Ehrenpräsidenten ernannt.

# 2011 bis heute: Aus Tradition modern

Wohl wissend, dass die großen sozialpolitischen Herausforderungen der nächsten Jahre weiterhin von den Nachwirkungen der globalen Finanz- und Wirtschaftskrise, der enorm gestiegenen Staatsverschuldung in Deutschland, der Euro-Krise und der generell zunehmenden Individualisierung der Gesamtgesellschaft geprägt sein würden, setzte und setzt sich der SoVD auch weiterhin für Solidarität, soziale Gerechtigkeit und Verteilungsgerechtigkeit ein. Der Verband scheut sich dabei nach wie vor nicht, Themen ins politische und gesellschaftliche Bewusstsein zu bringen, für die er oft zunächst hartnäckig streiten muss, damit sie die erforderliche Aufmerksamkeit erfahren. Dabei entwickelt der Verband nicht nur Vorschläge zur Bewältigung großer gesellschaftlicher Herausforderungen wie bei der Bekämpfung der Altersarmut, sondern hilft auch ganz konkret und lebensnah den Betroffenen.

## Die 19. Bundesverbandstagung 2011

Diesen Anspruch untermauerte auch das Motto der 19. Bundesverbandstagung am 5. und 6. November 2011 in Berlin: „Solidarisch denken – sozial handeln!“ Die fast 200 Delegierten aus 14 Landesverbänden berieten über zahlreiche Anträge, fassten inhaltliche Beschlüsse und wählten die Verbandsspitze neu. Das Vertrauensverhältnis zu Adolf Bauer unterstrichen die Delegierten mit der einstimmigen Wahl in die dritte Amtszeit als SoVD-Präsident. Gerda Bertram, 1. Landesvorsitzende des SoVD Nordrhein-Westfalen, wurde zur Vizepräsidentin und Gerhard Renner vom Landesverband Schleswig-Holstein zum Vizepräsidenten gewählt.

Verabschiedet wurde auch die Berliner Erklärung „Solidarisch denken – sozial handeln!“. Dieser Katalog, der als Leitlinie für die Arbeit des SoVD in den kommenden Jahren diente, umfasste Forderungen zu allen wichtigen sozialpolitischen Themenfeldern:

- Alle Menschen müssen die Sicherheit erhalten, bei Krankheit, Arbeitslosigkeit, Invalidität sowie in Alter und Pflege vor Armut, sozialem Abstieg und sozialer Isolierung geschützt und ausreichend versorgt zu sein.
- Die wirtschaftlichen und finanziellen Ressourcen müssen gerecht verteilt werden.
- Alle Menschen müssen füreinander einstehen, insbesondere wenn der Einzelne sich nicht mehr selbst helfen kann.

- Alle Menschen müssen die gleichen Rechte auf Zugang zu Bildung, Beruf und sozialen Leistungen haben.
- Alle Menschen müssen als gleichwertiges Mitglied unserer Gesellschaft anerkannt sein – von Anfang an.

Damit waren die Weichen für die Arbeit im Verband für die nächsten Jahre gestellt.

## Die sozialpolitische Arbeit

### Sozialstaat

Die generelle Sozialstaatsdebatte seit 2011 war von den Themen Verteilungsgerechtigkeit und Armut und Reichtum geprägt. Im Herbst 2012 veröffentlichte der Verband unter dem Titel „Für einen solidarischen und verteilungsgerechten Sozialstaat – Kernforderungen des SoVD" ein Papier mit Positionen für eine gerechtere Sozialpolitik inklusive einer Neustrukturierung und Umverteilung von Finanzmitteln. Eindringlich warnte der SoVD davor, fiskalische Rahmenbedingungen als Vorwand für den Abbau sozialer Rechte und Leistungen zu benutzen.

### Teilhabe behinderter Menschen

Hinsichtlich der Teilhabe behinderter Menschen engagierte sich der SoVD auf vielen Themengebieten erfolgreich und gestaltete die Behindertenpolitik in Deutschland wesentlich mit.

So gewann die Behindertenpolitik nach der Bundestagswahl 2013 wieder an Dynamik. Die zentralen Felder Schaffung eines Bundesteilhabegesetzes, Reform des Behindertengleichstellungsgesetzes, des SGB IX und der versorgungsmedizinischen Grundsätze sowie die UN-Behindertenrechtskonvention wurden vom SoVD intensiv begleitet, – nicht nur im Rahmen der Geschäftsführung des Deutschen Behindertenrates. Die steigende Zahl von schwerbehinderten Arbeitslosen machte die Teilhabe von Menschen mit Behinderungen am Arbeitsleben zu einem Tätigkeitsschwerpunkt des SoVD. Schon 2012 veröffentlichte der SoVD daher einen Katalog zur Verbesserung der Teilhabechancen behinderter Menschen auf dem allgemeinen Arbeitsmarkt. Darin forderte der Verband eine Beschäftigungspflichtquote von sechs Prozent, eine verbindliche Ausbildungsquote für Jugendliche und eine Anhebung der Ausgleichsabgabe. Durch zahlreiche Gespräche mit politisch Verantwortlichen und die konsequente Forcierung des Themas in den Medien, gelang es dem Verband, die öffentliche und gesellschaftliche Wahrnehmung des Themas deutlich zu steigern.

Auch die Debatte um das Thema „inklusive Bildung“ belebte der SoVD, als er, zusammen mit anderen Verbänden, im Oktober 2011 eine Stellungnahme zu den Empfehlungen der Kultusministerkonferenz zur Inklusiven Bildung vorlegte.

Da auf Initiative des SoVD das Thema auch im Bildungsbericht 2014 berücksichtigt wurde, gelang es, die Debatte um Inklusive Bildung öffentlich und politisch voranzubringen.

Als öffentliches Zeichen für mehr Inklusion veranstaltete der SoVD im Sommer 2015 zusammen mit dem Berliner Leichtathletikverband e. V. (BLV), dem Deutschen Blinden- und Sehbehindertenverband e. V. (DBSV) und der Lebenshilfe Berlin den SoVD-Inklusionslauf. Auf dem ehemaligen Flughafen Tempelhof kamen über 700 Teilnehmer zusammen, um an der integrativen Bewegungs- und Sportveranstaltung mit buntem Rahmenprogramm teilzunehmen. Dieses inklusive Sportereignis ist auch im Jubiläumsjahr eine feste Größe im Sportkalender und führt die Tradition des Verbandes, der Initiator der ersten Blindenfußballmeisterschaft war, fort. Damit war der Verband Vorreiter bei der Entwicklung von Sportveranstaltungen als wichtigem Teil einer inklusiven Gesellschaft.

Zur Umsetzung der seit 2009 in Deutschland gültigen UN-Behindertenrechtskonvention verabschiedete die Bundesregierung 2011 einen Nationalen Aktionsplan. Im zuständigen Ausschuss des Ministeriums für Arbeit und Soziales und gemeinsam mit über 80 weiteren Verbänden beteiligte sich der SoVD an der „Allianz zur UN-Behindertenkonvention“, um den politischen Handlungsdruck zu erhöhen. Das Ziel, die Lebenswirklichkeit behinderter Menschen in Deutschland zu dokumentieren und Handlungsfelder aufzuzeigen, wurde und wird stringent verfolgt.

In den Koalitionsverhandlungen 2013 war die Erarbeitung eines Bundesteilhabegesetzes als zentrales behindertenpolitisches Vorhaben aufgenommen worden. Zunächst rief das zuständige Bundesministerium für Arbeit und Soziales noch vor dem eigentlichen Gesetzesverfahren im Juli 2014 dazu eine hochrangig besetzte Arbeitsgruppe ins Leben. Dem SoVD gelang es dabei, die Positionen verschiedener Verbände zu koordinieren und einheitliche Standpunkte für die weiteren politischen Beratungen ab Frühjahr 2015 zu erreichen.

*Engagement für Barrierefreiheit in den Bereichen Reisen, Arbeiten, Wohnen und barrierefreies Wählen*

Den Beschlüssen der 19. Bundesverbandstagung folgend, verstärkte der SoVD sein Engagement für Barrierefreiheit in den Bereichen Reisen, Arbeiten, Wohnen und Wählen. Hier beteiligte sich der SoVD an der Erstellung von Vorschriften, Verordnungen sowie Stellungnahmen und führte zahlreiche Fachgespräche, um das Thema breit gefächert weiterzuentwickeln. Als ganz praktische Handreichung wurde eine Wahlhilfebroschüre von der SoVD-Jugend und dann zuletzt auch im Wahljahr 2017 gemeinsam mit der Bundeszentrale für politische Bildung vertrieben.

## Alterssicherung

Im Rahmen der gesetzlichen Rentenversicherung wurden bis 2015 einige positive Reformen verwirklicht. Gleichwohl betonte der SoVD weiterhin die Notwendigkeit einer verlässlichen Rente als Schutz vor Altersarmut. Trotz der etwas höheren Rentenanpassungen 2012, 2013 und 2014 forderte der SoVD weiterhin die Rückkehr zur dynamischen Rentenanpassung, um die in den letzten Jahren entstandenen Kaufkraftverluste auszugleichen.

Da auch die Rentenanpassung Ost noch nicht abgeschlossen war, thematisierte der SoVD weiterhin den Wertverfall bei den Renten, das West-Ost-Gefälle und die unzureichende Teilhabe an der allgemeinen wirtschaftlichen Entwicklung. Nur ein erhöhtes Rentenniveau führe zu einer lebensstandardsichernden Rente.

Damit in direktem Zusammenhang steht das Thema Altersarmut, mit dem sich der SoVD intensiv befasst. Die von der Bundesregierung 2012 vorgeschlagene Zusatzrente, bei der Geringverdiener mit langjährigen Rentenversicherungsbeiträgen und einer Zusatzvorsorge rentenrechtlich bessergestellt werden sollten, lehnte der SoVD wegen der Beitragsungerechtigkeit ab. Stattdessen stellte der SoVD sein Konzept gegen Altersarmut vor. Es umfasste Maßnahmen für einen Aufbau höherer Rentenansprüche in der Erwerbsphase und verbesserte Leistungen beim Rentenbezug sowie Rentenfreibeträge in der Grundsicherung im Alter und bei Erwerbsminderung.

Dieses fachlich anerkannte Konzept thematisierte der SoVD z. B. in Fachgesprächen z. B. mit ver.di und der Volkssolidarität sowie bei der Veröffentlichung des Berichtes zur Armutsentwicklung vom Paritätischen Wohlfahrtsverband im Frühjahr 2015. Mit Verweis auf den wachsenden Niedriglohnsektor, die zunehmend von Minijobs und das sinkende Rentenniveau schärfte der SoVD das Bewusstsein für die Problematik der Altersarmut.

In diesem Zusammenhang verwies der SoVD auf sein bereits 2006 zusammen mit dem DGB und der Volkssolidarität erarbeitetes Konzept für den Umbau der gesetzlichen Rentenversicherung zu einer Erwerbstätigenversicherung.

Bereits im Herbst 2013 bekräftigte der SoVD seine Forderung nach Leistungsverbesserungen bei der Rentenversicherung. Statt den Rentenbeitrag wie geplant Anfang 2014 abzusenken, sollten die finanziellen Ressourcen zum Aufbau einer Demografiereserve genutzt werden. Zusätzlich sollten Leistungsverbesserungen durch die Streichung der Abschläge bei den Erwerbsminderungsrenten und die Anhebung des Reha-Budgets erreicht werden.

Als mit dem „RV-Leistungsverbesserungsgesetz" das sogenannte Rentenpaket zum 1. Juli 2014 in Kraft trat, erfüllte die Bundesregierung zentrale rentenpolitische Vorhaben aus dem Koalitionsvertrag, die teilweise deckungsgleich mit SoVD-Forderungen waren:

- die zeitlich befristete, abschlagsfreie Rente ab 63 nach 45 Beitragsjahren
- Verbesserung der Mütterrente
- Verbesserungen bei Erwerbsminderungsrenten
- Anhebung des Reha-Budgets

Für den SoVD rückte nun die Umsetzung der über 10 Milliarden Euro schweren Maßnahmen in den Fokus der Arbeit: zum einen die lebensstandardsichernde gesetzliche Rente, für die der SoVD im Juni 2013 ein Konzept vorlegte, das eine Anhebung des Rentenniveaus bei gleichzeitiger Rückkehr zu lohnorientierten Rentenanpassungen und einer paritätischen Finanzierung der Kranken- und Pflegeversicherungsbeiträge von Rentnern vorsah. Zum anderen war die Ungleichheit der Renten in Ost und West eine nach wie vor ungelöste Frage, in der der SoVD sein Engagement fortsetzte. Insbesondere im „Bündnis für eine gerechte Rentenangleichung Ost" und im Zuge der Feierlichkeiten zum 25. Jahrestag der Wiedervereinigung 2015 machte der SoVD die unbefriedigende Rentensituation verstärkt zum Thema.

## Gesundheitspolitik

Grundlegend für die gesundheitspolitische Arbeit des SoVD war die Bestrebung, weitere Belastungen und Leistungseinschränkungen der Versicherten zu verhindern sowie die Rechte der Patientinnen und Patienten zu stärken. Hier sah der Verband auch nach Inkrafttreten des Patientenrechtegesetzes Anfang 2013 Nachbesserungsbedarf und warb für gesamteuropäische Kontroll- und Haftungsregelungen.

Viel Raum nahm die Auseinandersetzung mit den verschiedenen Reformen zur Finanzierung der gesetzlichen Krankenversicherung ein:

Aus Sicht des SoVD positiv war das 2013 beschlossene Gesetz zur Beseitigung sozialer Überforderung bei Beitragsschulden in der Krankenversicherung.

Im Frühjahr 2014 begann die Diskussion um die Krankenkassenfinanzen mit den Beratungen zum GKV-Finanzstruktur- und -Qualitätsweiterentwicklungsgesetz (GKV-FQWG) erneut. Es schrieb den Beitragssatz zur gesetzlichen Krankenversicherung auf 14,6 Prozent fest (wobei der Arbeitgeberanteil bei 7,3 Prozent eingefroren wurde) und eröffnete den Krankenkassen die Möglichkeit, Zusatzbeiträge von den Versicherten zu erheben – eine Mehrbelastung, die der SoVD ablehnte, zumal so der Wettbewerb unter den Kassen zu Lasten alter und chronisch kranker Menschen verschärft würde.

Der SoVD sprach sich daher für eine Rückkehr zur paritätischen Finanzierung mit Stärkung der solidarischen Umlagefinanzierung aus und erarbeitete auf dieser Grundlage ein Konzept für eine Bürgerversicherung, das er in verschiedenen Veranstaltungen und Gesprächen mit politisch Verantwortlichen immer wieder ins Bewusstsein rückte.

Dabei hatte der SoVD nicht nur finanzielle Aspekte im Blick, sondern definierte auch leistungsrechtliche Anforderungen wie etwa den Leistungskatalog und die Qualität.

Nach der Bundestagswahl schob die Große Koalition verschiedene gesundheitspolitische Vorhaben an. Der SoVD beteiligte sich intensiv an den Diskussionen zum Gesetz zur Stärkung der Gesundheitsförderung und Prävention (Präventionsgesetz – PrävG), zur Einführung der elektronischen Gesundheitskarte sowie zu Fragen der sicheren digitalen Kommunikation im Gesundheitswesen (E-Health-Gesetz).

Grundsätzlich positiv bewertete der SoVD im März 2015 den vorgelegten Entwurf für das Gesetz zur Stärkung der Versorgung in der gesetzlichen Krankenversicherung (GKV-Versorgungsstärkungsgesetz – GKV-VSG). Ziel war es, die medizinische Versorgung bedarfsgerecht, flächendeckend und auf hohem Niveau zu sichern.

Schließlich nahm der SoVD zum im März 2015 vorgelegten Entwurf für ein Gesetz zur Verbesserung der Hospiz- und Palliativversorgung Stellung.

## Pflegepolitik

Neben vielen Einzelfragen stand die Begleitung der Pflegereformen von 2012 und in den Folgejahren im Mittelpunkt der pflegepolitischen Arbeit des SoVD.

So bemängelte der SoVD am Entwurf für das Pflege-Neuausrichtungsgesetz (PNG) den fehlenden Paradigmenwechsel durch die Orientierung der Pflegebedürftigkeit an Selbstständigkeit und Teilhabe sowie die unsystematische Einführung vieler

Einzelmaßnahmen. Besonders scharf kritisierte der Verband den Trend zur Privatisierung des Pflegerisikos durch die Förderung privater Zusatzversicherungen.

Der SoVD setzte sich als Sachverständiger im Expertenbeirat des Bundesgesundheitsministeriums für eine Neudefinition des Pflegebedürftigkeitsbegriffs ein und sprach sich zudem für den Ausbau von Angeboten für Demenzkranke aus.

Diese Neudefinition sollte ebenso Teil des Zweiten Pflegestärkungsgesetzes werden wie ein neues Begutachtungsassessment, dessen Entwurf im Sommer 2015 vorgelegt wurde.

Insgesamt bewertete der SoVD diese Maßnahmen als positiv, kritisierte jedoch mangelnde weitere Dynamisierungen und das Fehlen eines Zeitplans zur Einführung des neuen Pflegebedürftigkeitsbegriffs. Statt der vorgesehenen Nutzung von Beiträgen zum Aufbau eines Kapitalfonds regte der SoVD wiederholt eine Pflege-Bürgerversicherung an. Die Grundlagen dafür hatte der Verband bereits am 6. November 2013 im Konzept „Solidarische Pflege-Bürgerversicherung – Anforderungen des SoVD an eine leistungsfähige gesetzliche Pflegeversicherung“ veröffentlicht und immer wieder zum Gegenstand politischer wie fachlicher Gespräche gemacht, etwa im Arbeitskreis Pflege oder im Bündnis für gute Pflege.

*Anerkennung des Verbandes als maßgebliche Organisation für die Wahrnehmung der Interessen der Pflegebedürftigen und ihrer Angehörigen*

Gestärkt wurde dieses Engagement auch durch die im März 2013 erfolgte Anerkennung des Verbandes als eine von sechs maßgeblichen Organisationen für die Wahrnehmung der Interessen der Pflegebedürftigen und ihrer Angehörigen.

Frühzeitig befasste sich der SoVD mit der Berücksichtigung kultureller Unterschiede in der Pflege. Dazu fand am 25. April 2012 eine erste Fachtagung mit über 100 Gästen und Fachleuten unter dem Motto „Kultursensibilität in der Pflege – Chancen und Herausforderungen“ statt.

Als das Bundesfamilien- bzw. das Finanzministerium Mitte September 2014 einen Entwurf für ein Gesetz zur besseren Vereinbarkeit von Familie, Pflege und Beruf vorlegte, begleitete der SoVD auch dieses wichtige Thema. Auf Zustimmung traf die Einführung eines Rechtsanspruches auf Familienpflegezeit, eines Pflegeunterstützungsgeldes und der Möglichkeit, (Familien-) Pflegezeit auch zur Begleitung sterbender Angehöriger wahrzunehmen. Zudem wurde der Begriff der nahen Angehörigen erweitert.

Grundsätzlich setzt sich der Sozialverband Deutschland dafür ein, Pflege zu einem Grundrecht zu machen und als Staatsziel im Grundgesetz zu verankern.

## Arbeitsmarkt

Zehn Jahre nach Einführung der Hartz-Gesetze verfestigte sich die Langzeitarbeitslosigkeit insbesondere bei Älteren, Menschen mit Behinderung und Geringqualifizierten. Unter dem Titel „Neuordnung der Arbeitsmarktpolitik – Inklusion statt Hartz IV" stellte der Verband am 30. Juli 2014 eine Broschüre zum Thema vor. Wesentliche Forderungen waren und sind bis heute: höhere finanzielle Leistungen für Arbeitssuchende, sachgerechte Sozialversicherungsbeiträge für Regelleistungsbeziehende sowie die passgenauere Vermittlung Arbeitssuchender.

*Neuordnung der Arbeitsmarktpolitik –*
*Inklusion statt Hartz IV*

Einen wichtigen Schritt tat Bundesarbeitsministerin Andrea Nahles, als sie im November 2014 den ersten Teil eines Programms gegen Langzeitarbeitslosigkeit vorstellte: Für 885 Millionen Euro sollten subventionierte Beschäftigungsverhältnisse für 33.000 Langzeitarbeitslose geschaffen werden. Darüber hinaus sollten die Beratung und Vermittlung Langzeitarbeitsloser verbessert werden.

Der SoVD begrüßte den Ansatz, gab allerdings zu bedenken, dass damit nur ein geringer Prozentsatz der Langzeitarbeitslosen erreicht würde und öffentlich geförderte Beschäftigung die Chancen auf reguläre Arbeit kaum erhöhen würde.

## Frauenpolitische Arbeit im SoVD

Der SoVD setzt sich für die Gleichstellung von Frauen und Männern ein. Der Sprecherin der Frauen im Bundesvorstand fällt dabei die Aufgabe zu, auf soziale Benachteiligung von Frauen aufmerksam zu machen und Lösungen für die Beseitigung von Ungleichheiten zu entwickeln.

Die 16. und 17. Bundesverbandstagung wählte Edda Schliepack zur Sprecherin der Frauen des Bundesverbandes. Damit war sie die Vertreterin des Bundesverbandes in allen Fragen der Frauenpolitik gegenüber Politik, Ministerien und Verwaltung.

Mit ihr an der Spitze war die Frauenarbeit des SoVD seit 2011 schwerpunktmäßig von den Themen Lohngleichheit, Gewalt gegen Frauen, Gesundheitspolitik, Frauen- und Kinderarmut sowie Frauen in der Pflege geprägt.

So machte der SoVD immer wieder darauf aufmerksam, dass Frauen in Deutschland etwa 23 Prozent weniger verdienen als Männer und diese Lohnlücke auch gravierende Rückwirkungen auf die Renten- und Alterssituation von Frauen hat.

Für mehr öffentliche Aufmerksamkeit verteilten die Frauen im SoVD Tausende Taschen mit dem Slogan „Gleicher Lohn für gleiche Arbeit". Zudem beteiligten sie sich auf Bundes- und Landesebene ab 2009 auch am Equal Pay Day.

Im Bereich der Gesundheitspolitik thematisierten die SoVD-Frauen zum einen die medizinische Ungleichbehandlung von Männern und Frauen und forderten hier Geschlechtergerechtigkeit. Zum anderen wurde über Vorsorge- und Rehabilitationsmaßnahmen für Mütter und Väter als Pflichtleistungen der gesetzlichen Krankenversicherung sowie die Forderung nach kostenlosen Mammografie-Screenings diskutiert.

Auf verschiedenen Veranstaltungen und in Stellungnahmen machte der SoVD immer wieder auch auf Frauen- und Kinderarmut aufmerksam:

Der SoVD sah und sieht Handlungsbedarf im Bereich Frauenalterssicherung und bei der steuerlichen Entlastung geringer Einkommen.

So kritisierte der Verband in seiner Stellungnahme zum Koalitionsvertrag 2009, dass Hartz IV Beziehende nicht von den Entlastungen für Familien profitierten, da das Kindergeld auf die Bezüge angerechnet würde und von Freibeträgen Bezieher hohe Einkommen am meisten profitierten.

Weitere Aspekte der Frauenarbeit waren die Weiterentwicklung der Pflege inklusive des Aspekts der interkulturellen Altenpflege sowie die Vereinbarkeit von Familie und Beruf mit dem Ausbau der (vor)schulischen Betreuungsangebote und dem normierten Anspruch auf einen Kitaplatz.

Der Bundesfrauenausschuss beschäftigte sich zudem mit der Frage, wie sich Kriegseinsätze im Ausland auf deutsche Soldaten und Soldatinnen und Mitarbeiter von Hilfsorganisationen auswirkten. Zusammen mit dem Deutschen Bundeswehrverband (DBwV) vereinbarte der SoVD politisches Agieren, um eine verbesserte Versorgung von verletzten Soldatinnen und Soldaten zu erreichen.

Die SoVD-Mitglieder informierte die Bundesfrauensprecherin in regelmäßigen Beiträgen etwa in der Rubrik „Frauen im SoVD" in der Verbandszeitung über ihre Arbeit.

Hervorzuheben ist die Jubiläumsveranstaltung anlässlich des 90-jährigen Bestehens der frauenpolitischen Arbeit im SoVD am 26. Oktober 2009 in Berlin unter dem Motto „Gleichstellung von Frauen und Männern – die Herausforderung in der neuen Legislaturperiode?“. Die Veranstaltung war eine Würdigung der Frauenarbeit im SoVD und zugleich Motivation für die Zukunft.

Die Themen Frauengesundheit und geschlechterspezifische Medizin standen im Mittelpunkt der Bundesfrauenkonferenz 2012 unter dem Titel „Frauenherzen ticken anders“. 2014 nahm sich die Bundesfrauenkonferenz am 5. November unter dem Motto „Frauen wehren sich gegen Gewalt“ dann des Leitthemas Gewalt gegen Frauen an. Der SoVD beteiligte sich 2013 zudem an der Frauen-Alterssicherungskonferenz von ver.di, bei der die Folgen prekärer Beschäftigung thematisiert wurden.

Die SoVD-Frauen nahmen mit vielen Aktionen auch am Equal Pay Day teil, um für gleiche und faire Löhne von Frauen einzutreten. Die Diskussion der Thematik und die Vorbereitung des Tages mit öffentlichen Aktionen waren seit 2011 ein regelmäßiger und wesentlicher Bestandteil der Arbeit des Frauenausschusses.

Natürlich diskutierte der Ausschuss auch Gesetze und Regierungspositionen zu frauenpolitischen Themen, wie etwa der Vereinbarkeit von Familie und Beruf oder der Frauenquote in Führungspositionen. Zudem entwarf er als Leitlinie der SoVD-Frauenarbeit das frauenpolitische Programm anlässlich der Bundesverbandstagung.

## Jugend im SoVD

Wesentlich für die jugendpolitische Arbeit im SoVD war die Vorbereitung und Durchführung der alle zwei Jahre stattfindenden Bundesjugendkonferenz. Diese stand 2012 unter dem Motto „Leben! Geben? Nehmen?“ und befasste sich in Vorträgen und Diskussionen mit dem Artikel 10 der UN-Behindertenrechtskonvention.

Insgesamt beschäftigte sich die SoVD-Jugend mit den jugendpolitischen Aspekten der Themen Barrierefreiheit, Inklusion, Kinderrechte, Pflege junger Menschen mit Behinderung und ALG II. Ein weiterer Schwerpunkt für die SoVD-Jugend sind die Themen Schule und Bewerbungen sowie Fragen des Berufseinstiegs.

## SoVD intern

### Moderne Kommunikation

Durch die Intensivierung der Kontakte zu befreundeten Verbänden und Organisationen gelang die Bündelung sozialpolitischer Kräfte mit dem Ziel, auf Politik, Ministerien und Verwaltungen im Sinne sozialer Ausgewogenheit konstruktiv, aber auch kritisch einzuwirken.

Die erfolgreiche Arbeit des SoVD spiegelt sich auch in der positiven Entwicklung der Mitgliederzahlen wider:

Hatte der SoVD 2007 über 511.000 Mitglieder, so waren es Ende 2011 bereits mehr als 542.000 und Mitte 2017 bereit 570.000 Mitglieder bundesweit. Entsprechend gut aufgestellt ging der SoVD in die Arbeit der nächsten Jahre.

Innerhalb des SoVD stand die Weiterentwicklung der Verbandsstrukturen und Abstimmungswege im Vordergrund der Arbeit. Ziel war es, das Angebot des SoVD als moderner sozialer Dienstleister an seine Mitglieder auszubauen und zu verbessern.

Durch stetige Weiterbildung und einen intensiven Informations- und Erfahrungsaustausch wurde die Qualität der Sozialberatungszentren gesteigert und das ohnehin schon breit gefächerte Serviceangebot durch Einbindung neuer Kooperationspartner weiter ausgebaut – die positive Rückwirkung sind zufriedene Mitglieder und eine steigende Zahl von Neuaufnahmen.

Um als Sozialdienstleister weiterhin vor Ort präsent sein zu können, war es gleichfalls wichtig, die Kommunikation zwischen dem Bundesverband und den Landesverbänden zu pflegen und zu intensivieren.

Dabei ging es auch um Wissenstransfer und strukturelle Veränderungen, wie etwa bei der 2014 vollzogenen Fusion der Landesverbände Sachsen-Anhalt, Thüringen und Sachsen zum Landesverband Mitteldeutschland. Eine Maßnahme, die der Stärkung und Verbesserung der Servicequalität vor Ort diente.

In der Außendarstellung machte der SoVD den Schritt zu einem modernen und einheitlichen Gesamterscheinungsbild:

So erhielt die Verbandszeitung nicht nur ein neues Format, sondern auch den neuen Namen „Soziales im Blick“ und wurde in Zusammenarbeit mit den Landesverbänden inhaltlich verbessert.

Und der SoVD begann in den „sozialen Medien“ wie Facebook, Twitter oder Youtube zu kommunizieren. Das Bewegtbild-Format SoVD TV wurde für die Social-Media-Nutzung entwickelt und erfolgreich gestartet. Durch die Nutzung dieser modernen Kommunikationsmittel nutzt der Verband nicht nur verschiedene Plattformen, um seine sozialpolitischen Ziele zu kommunizieren. Zugleich erschloss er sich damit auch neue Zielgruppen. Auch die Internetpräsenz des Verbandes wurde ausgebaut und die Website www.sovd.de modernisiert. Dieser Bereich wurde und wird zunehmend weiterentwickelt und führte u.a. 2016 zum Start der verbandseigenen „SoVD App“ oder zu einem Online-Check zum Thema Altersarmut.

So stellte sich der SoVD strukturell, kommunikativ und mit breitem Serviceangebot als moderner Sozialverband und kompetenter Ratgeber auf.

## Die 20. Bundesverbandstagung 2015

Mit dem Motto der 20. Bundesverbandstagung „Inklusion wagen – Solidarität gewinnen“ verdeutlichte der SoVD seinen Anspruch, gesamtgesellschaftliche Strukturen zu schaffen, die niemanden von sozialer Teilhabe ausschließen.

Der bisherige SoVD-Präsident Adolf Bauer wurde an der Verbandsspitze bestätigt und ging damit in seine vierte Amtszeit.

Zu seinen Stellvertretern wurden Renate Falk (Nordrhein-Westfalen) und Wolfgang Schneider (Landesvorsitzender des Landesverbandes Schleswig-Holstein) gewählt.

Edda Schliepack wurde als Bundesfrauensprecherin ebenso bestätigt wie Schatzmeister Bruno Hartwig und der Bundesjugendvorsitzende Sönke Franz.

Als neue Bundesgeschäftsführerin wurde Stephanie Rinke, die den Verband zuletzt kommissarisch geleitet hatte, vom Bundesvorstand bestätigt. Stellvertretender Bundesgeschäftsführer war seit dem 1. Juni 2015 Michael Meder.

Neben dem Grundsatzprogramm, das den sozialpolitischen Kurs der kommenden Jahre festlegte, wurde auch die Resolution „Inklusion wagen – Solidarität gewinnen“ verabschiedet. Darin beklagt der SoVD, dass trotz Rekordbeschäftigung und steigender Löhne der Wohlstandszuwachs nicht überall in der Gesellschaft ankommt.

In einer Erklärung zur Flüchtlingsthematik betonte der SoVD, dass es eine gesamteuropäische Aufgabe im Sinne der gemeinsamen Werte von Humanität und Solidarität sei, sich der Geflüchteten anzunehmen. Als Interessenverband der sozial benachteiligten Menschen beteiligte sich der SoVD aktiv an der Bewältigung der

Herausforderungen und sprach sich vehement dagegen aus, Flüchtlinge und sozial benachteiligte Menschen gegeneinander auszuspielen. Vielmehr würden die über 560.000 SoVD-Mitglieder als wichtige zivilgesellschaftliche Kraft sich in allen Verbandsstrukturen inklusiv und solidarisch der geflüchteten Menschen annehmen und sie willkommen heißen.

*Über 560.000 SoVD-Mitglieder solidarisch mit geflüchteten Menschen*

## In memoriam

Am 1. November 2015 verstarb der ehemalige Bundesvorsitzende des Reichsbundes Professor Dr. Walter Franke. Er war vom 1. Mai 1976 an Reichsbund-Mitglied, wurde im Oktober 1982 1. Landesvorsitzender des Landesverbandes Bremen und war zwischen 1990 und Herbst 1996 Bundesvorsitzender.

Darüber hinaus war Franke u.a. langjähriger Hauptgeschäftsführer der Arbeiterkammer Bremen und saß von 1963 bis 1975 als Abgeordneter in der Bremischen Bürgerschaft, bevor er bis 1979 Bremer Bürgermeister war. Prof. Dr. Walter Franke verstarb im Alter von 88 Jahren.

# Der SoVD ab 2016 und im Jubiläumsjahr

Die sozialen Sicherungssysteme tragen entscheidend zum Erhalt der sozialen Stabilität in unserem Land bei. Leider nimmt die Verteilungsungleichheit trotz allgemein prognostiziertem Wohlstandswachstum weiter zu. Der Sozialverband Deutschland fordert deshalb, dass Solidarität und soziale Gerechtigkeit wieder im Zentrum des Handelns von Staat, Gesellschaft und Wirtschaft stehen müssen.

So beteiligte sich der Verband im Bereich der Arbeitsmarktpolitik an der öffentlichen Diskussion über die Entwicklung des gesetzlichen Mindestlohnes und forderte eine weitere Dynamisierung. Darüber hinaus engagiert sich der SoVD für eine Erhöhung der Regelbedarfe im Bereich der Grundsicherung. Durch Gespräche mit politischen Entscheidungsträgern, Stellungnahmen und die Erstellung eigener Konzepte gestaltete der Verband die Sozialpolitik aktiv mit.

## Alterssicherung

Das Thema Altersarmut und Rente stand 2016 im Fokus der sozialpolitischen Arbeit des SoVD. Mit seiner Informationskampagne „Lieber nicht arm dran", einer großen Pressekonferenz im August 2016 und zahlreichen folgenden öffentlichkeitswirksamen Veranstaltungen und Aktionen präsentierte der SoVD Forderungen und Lösungen für die weiter anwachsende Problematik der Alterssicherung. Der SoVD äußerte sich kritisch zum sogenannten Flexirenten- und Betriebsrentenstärkungsgesetz und betonte wiederholt, dass das Drei-Säulen-Modell der Altersvorsorge den Anspruch der Lebensstandardsicherung für die Versicherten nicht erfüllt.

## Teilhabe behinderter Menschen

Behindertenpolitisch stand die Reform des Behindertengleichstellungsgesetzes wie auch des Bundesteilhabegesetzes auf der Agenda. Die Ergebnisse blieben jedoch enttäuschend. Der SoVD hatte sich für deutlich mehr Teilhabe und Selbstbestimmung für behinderte Menschen stark gemacht. Leistungseinschränkungen drohen weiterhin und eine Einkommens- wie auch Vermögensunabhängigkeit der Leistungen konnte leider nicht erreicht werden.

Der SoVD setzt sich weiterhin dafür ein, dass Inklusive Bildung eine Verpflichtung für das gesamte Bildungssystem wird. Kinder mit und ohne Behinderungen haben ein Recht darauf, gemeinsam zu lernen. Alle Teile der Bildungskette – vom Kindergarten bis zur Umschulung – sind in diesen Prozess einzubeziehen.

## Pflegepolitik

Mit dem Dritten Pflegestärkungsgesetz wurde die bislang umfangreichste Reform seit Einführung der solidarischen Pflegeversicherung abgeschlossen. Der Sozialverband Deutschland hat insbesondere die Einführung des neuen Pflegebedürftigkeitsbegriffs wie auch des Begutachtungsverfahrens zum 1. Januar 2017 kritisch begleitet. Darüber hinaus spricht sich der SoVD – auch als Betroffenenvertretung – entschieden gegen eine weitere einseitige Belastung der Versicherten aus.

## Frauenpolitische Arbeit im SoVD

Die frauenpolitische Arbeit über das Jahr 2015 hinaus war von folgenden Aspekten getragen: dem Elterngeld Plus zur besseren Vereinbarkeit von Familie und Beruf, der Einführung einer Frauenquote und der Angleichung der Mütterrenten in Ost und West. Mit der bundesweiten SoVD-Kampagne zum Equal Pay Day hat der SoVD die Wahrnehmung für das wichtige Thema Entgeltgleichheit weiter geschärft und das Lohngerechtigkeitsgesetz trotz der Kritik am Geltungsbereich unterstützt.

## SoVD-Jugend

Für die SoVD-Jugend standen folgende Themen auf der Agenda: Umsetzung der UN-Behindertenrechtskonvention, Chancenverbesserung junger Menschen mit Behinderung im Schul- und Ausbildungssystem und die Aufnahme von Kinderrechten in das Grundgesetz.

## SoVD-Inklusionslauf

Auch 2016 fand der SoVD Inklusionslauf mit über 700 Teilnehmenden in Berlin-Tempelhof statt. Ziel des SoVD und seiner Partner, der Berliner Leichtathletikverband e. V., der Deutsche Blinden- und Sehbehindertenverband e. V. und die Lebenshilfe für Menschen mit geistiger Behinderung e. V. Berlin, war es, das Thema Inklusion in die Öffentlichkeit zu tragen und dort aktiv mit Leben zu füllen.

## SoVD intern

Der SoVD engagiert sich mit seinen 570.000 Mitgliedern in 12 Landes- und ca. 2.000 Orts- und Kreisverbänden als sozialpolitische Interessenvertretung, als Beratungspartner in allen Fragen der Sozialversicherung und als Mitgliederverband. Dabei verknüpft der SoVD sein Wirken als moderner Sozialverband mit seiner 100-jährigen Tradition als ursprünglicher Kriegsopferverband.

Ob mit seinem Mitgliederservice und lebensnahen Beratungsangeboten, durch starke Landes- und Regionalverbände, der Weiterentwicklung einheitlicher Qualitätsstandards für die Sozial- und Rechtsberatung oder aber als Innovationsgeber in der Verbandslandschaft, z. B. mit dem „Onlinecheck Altersarmut“, der SoVD etabliert sich weiter als moderner Dienstleister und kompetenter Ansprechpartner für die gesellschaftlichen wie politischen Entscheider.

# 1917-2017:
# 100 Jahre Kampf für Frieden, Freiheit und Demokratie

Am 23. Mai 2017, exakt zum 100. Gründungstag, hat der Sozialverband Deutschland dieses besondere Jubiläum mit einem Festakt in der Französischen Friedrichstadtkirche in Berlin gefeiert. Gemeinsam mit vielen Gästen aus Politik, Verwaltung, Wirtschaft und befreundeten sozialen Organisationen, wurde dieser Ehrentag in einem dem Anlasses angemessenen und würdigen Rahmen begangen.

Das Grußwort hielt Bundeskanzlerin Dr. Angela Merkel. Sie würdigte den SoVD als „kompetenten Mitstreiter" in der Politik. Der Verband lebe soziale Verantwortung und zeichne sich durch unermüdliches Engagement für Frieden, Freiheit und Gerechtigkeit aus, betonte die Kanzlerin in ihrer Rede.

Der Historiker Guido Knopp machte in seinem geschichtsträchtigen Vortrag deutlich, dass der SoVD nicht nur die deutsche Sozialgesetzgebung maßgeblich beeinflusst hat. Er habe in den 100 Jahren seines Bestehens immer auf der guten Seite der Geschichte gestanden. Die historischen Erfahrungen seit 1917 – zwei Weltkriege, Unterdrückung und die NS-Diktatur – hätten gezeigt, dass soziale Gerechtigkeit, Demokratie und Frieden einander bedingen.

Bis heute ist deshalb das Engagement für die sozial Benachteiligten die Basis der Arbeit des Verbandes. Der Sozialverband fühlt sich verantwortlich für die Gesellschaft und fordert ein klares Bekenntnis der Politik zu einem Sozialstaat, der gleiche Chancen für alle sicherstellt.

Mit zahlreichen Veranstaltungen, Veröffentlichungen und öffentlichkeitswirksamen Aktionen informierte der Sozialverband Deutschland im Verlauf des Jahres über seine Geschichte, sein Wirken und seine Forderungen für eine gerechte Sozialpolitik. Insbesondere die Landes-, Kreis- und Ortsverbände ließen mit unterschiedlichsten Veranstaltungen und Formaten 100 Jahre SoVD Revue passieren. Mit Politik, Partnern und der Presse trugen sie das runde Jubiläum in die unterschiedlichsten Regionen der Bundesrepublik.

Parallel dazu prägten zudem zahlreiche Veranstaltungen mit sozialpolitischem Fokus, z. B. zu den Themen Arbeitsmarktpolitik für Geflüchtete, Zukunft der Rente oder Alterssicherung von Frauen, die inhaltliche Arbeit des SoVD im Jahr 2017. Einen wesentlichen Schwerpunkt bildete auch die Bundestagswahl im September. Der SoVD gab seine sozialpolitischen Kernforderungen und Wahlprüfsteine an Politik und Presse weiter, mischte sich kritisch in den Wahlkampf ein und nutzte die öffentliche Aufmerksamkeit, um sozialpolitische Missstände eindeutig zu benennen und zeitgleich Vorschläge für eine gerechtere Sozialpolitik zu unterbreiten.

Den abschließenden Rahmen zum Verbandsjubiläum 2017 bildete das „Inklusive Bürgerfest" des SoVD. Dieses fand am 30. September und am 1. Oktober 2017 rund um die Bundesgeschäftsstelle am traditionsreichen Standort des Verbandes am Rolandufer in Berlin statt. Rund 2.000 Gäste nutzten an diesem Wochenende die Möglichkeit, den SoVD kennenzulernen.

Mit einer Ländermeile, einer Ausstellung zu 100 Jahren Geschichte des SoVD sowie zahlreichen Informations- und Mitmachangeboten feierten der Verband und seine Gliederungen bzw. Partner unter der Schirmherrschaft des Regierenden Bürgermeisters 100 Jahre Einsatz für Solidarität, Gleichberechtigung und soziale Gerechtigkeit.

Letztendlich ist es die Geschichte des SoVD welche deutlich macht, dass das Bemühen um soziale Gerechtigkeit kein statischer Zustand ist, sondern ein andauernder Prozess in einer sich wandelnden Gesellschaft. Auch der SoVD unterliegt diesem stetigen Wandel – vom Reichsbund zum modernen Sozialverband. Seine Aufgaben haben sich dabei nicht wesentlich verändert; zwar ist der Verband heute professioneller aufgestellt, aber es sind noch immer die Menschen, die für den SoVD im Mittelpunkt seiner Arbeit stehen. Der Sozialverband Deutschland ist deshalb auch in Zukunft ein verlässlicher Partner an Ihrer Seite.

# Historie
# 100 Jahre SoVD

| | |
|---|---|
| 23. Mai 1917 | Gründung des „Bundes der Kriegsteilnehmer und Kriegsbeschädigten“ auf Initiative des „Vorwärts“-Redakteurs Erich Kuttner. Die 32 Teilnehmer entwickeln die erste Satzung und erstellen ein sozialpolitisches Programm. Ende 1917 Reichsweit sind zirka 5.000 Mitglieder organisiert. |
| 31. März 1918 | Erster Reichsbundestag in Weimar: Umbenennung in „Reichsbund der Kriegsbeschädigten und Kriegsteilnehmer“ |
| April 1918 | Der Reichsbund hat zirka 25.000 Mitglieder in 300 Ortsgruppen. |
| August 1918 | Zum ersten Mal arbeitet der Reichsbund im Kriegsbeschädigtenausschuss mit und kann direkten Einfluss auf die Gesetzgebung nehmen. |
| Oktober 1918 | Die Bundeszeitung erscheint mit einer Auflage von 45.000. |
| November 1918 | Unter dem neuen Führungsduo Richard Heckmann als 1. Bundesvorsitzenden und Erich Roßmann als Bundessekretär sind beim Ausbruch der Revolution im Reichsbund zirka 50.000 Kriegsopfer organisiert. |
| Ab November 1918 | Erste lokale Zusammenschlüsse von Invalidenrentnern und Altersrentnern als Vorstufe einer eigenen Interessenvertretung |
| Ende 1918/ Anfang 1919 | 100.000 Personen in 750 Ortsgruppen |
| 9. Januar 1919 | Mitarbeit des Reichsbundes bei der Verordnung zur Beschäftigung Schwerbeschädigter als Wurzel des Schwerbehindertengesetzes |

| | |
|---|---|
| 15. Januar 1919 | Reichsbund ermöglicht Frauen die Mitgliedschaft. |
| 1. Februar 1919 | Mitarbeit des Reichsbundes bei der Verordnung über die Neuregelung des Militärversorgungsverfahrens als Keimzelle der Sozialgerichtsbarkeit |
| 8. Februar 1919 | Mitarbeit des Reichsbundes bei der Verordnung über die soziale Kriegsbeschädigten- und Kriegshinterbliebenenfürsorge als Grundstein für die moderne Sozialhilfe |
| Februar 1919 | Abspaltung des (kommunistischen) internationalen Bundes der Opfer des Krieges |
| 1. März 1919 | Neuregelung des Militärversorgungsverfahrens tritt in Kraft. |
| März/April 1919 | Erarbeitung einer Satzung unter ausdrücklicher Einbeziehung der Frauen, Kriegswitwen, Kriegswaisen und Kriegseltern |
| März/April 1919 | Umbenennung des Verbandes in „Reichsbund der Kriegsbeschädigten, Kriegsteilnehmer und Kriegerhinterbliebenen" unter Erich Roßmann und Richard Maroke |
| April 1919 | Die Mitgliederzeitung erscheint ab jetzt unter dem Titel „Reichsbund". |
| 1919 bis 1923 | Mitarbeit des Reichsbundes bei der Ausarbeitung des Gesetzes über die Beschäftigung Schwerbeschädigter/ Durchsetzung des Kündigungsverbotes für Schwerbeschädigte |
| Bis Ende 1919 | Die Mitgliederzahlen wachsen stetig auf zirka 500.000. |
| 1919/1920 | Aus den Ortsgruppen heraus entsteht eine Reihe von Baugenossenschaften, unterstützt durch das Referat „Siedlungswesen" des Bundesvorstandes. Bis Ende der 20er Jahre werden zirka 1.750 Wohnungen für die Mitglieder fertig gestellt. |

| | |
|---|---|
| Zwischen 1919 u. 1921/22 | Phase der inneren Konsolidierung, des Wachstums und zunehmender Erfolge |
| 1920 | Gründung des Zentralverbandes der Arbeitsinvaliden und Witwen Deutschlands unter dem Vorsitzenden August Karsten. Der Zentralverband wurde 1933 in die Deutsche Arbeitsfront eingegliedert und ging nach dem Zweiten Weltkrieg im Reichsbund auf. Er gilt als zweite wichtige Gründungsorganisation des heutigen Sozialverbandes. |
| April/Mai 1920 | Verabschiedung des neuen Reichsversorgungsgesetzes durch die Nationalversammlung, Mitwirkung des Reichsbundes bei den Gesetzgebungsvorarbeiten, beständiges Mitwirken bei der Weiterentwicklung des Reichsversorgungsgesetzes von 1920 bis 1929 |
| 1922 | Die Mitgliederzahlen steigen auf zirka 830.000 Mitglieder im Reichsbund und ungefähr 120.000 Mitglieder beim Zentralverband. |
| 1922 | Von den 1,4 Millionen Kriegsbeschädigten ist lediglich ein knappes Drittel und von den 2,4 Millionen Hinterbliebenen erst die Hälfte vom neuen Reichsversorgungsgesetz anerkannt. |
| Bis November 1923 | Die Inflation dominiert das tägliche Leben. Die Abwertung der Reichsmark gegenüber dem US-Dollar erreicht ihren negativen Höhepunkt. Die Inflation führt zu rigorosen Sparmaßnahmen und damit zum fast vollständigen Erliegen der Dienstleistungstätigkeit. Das Verbandsleben kommt zum Stillstand. |
| 15. November 1923 | Einführung der „Rentenmark“, Stabilisierung der Währung und der Kaufkraft auf niedrigem Niveau. Die Renten sind wieder gewährleistet. |
| Januar 1924 | Der Reichsbund verliert inflationsbedingt fast drei Viertel seiner Mitglieder: Anfang 1924 sind es nur noch zirka 245.000 in knapp über 4.000 Ortsgruppen. |

| | |
|---|---|
| Mai 1924 | Die Beilage „Heim und Garten“ wird ab nun regelmäßig der Verbandszeitung beigefügt. |
| Juni 1924 | Reichsbund und Zentralverband beschließen auf dem Reichsbundestag in Dresden weitere enge Zusammenarbeit. |
| 4. September 1924 | Gründung einer Vermögensverwaltung für die geplante Bautätigkeit und 1925 Umbenennung der Firma in „Gemeinnützige Reichsbund Kriegersiedlung GmbH“ (spätere Reichsbund-Wohnungsbaugesellschaft) |
| Dezember 1924 | Broschüre „Frauenarbeit und Schutz der Kriegerwitwen im Erwerbsleben“, beginnende Integration auch von Frauen in die Verbandsarbeit |
| April 1925 | Eine für alle Mitglieder des Reichsbundes obligatorische Sterbekasse wird eingerichtet, im Zentralverband ab Januar 1927 eine Sterbekasse auf freiwilliger Basis. |
| 1. Juni 1925 | Das Reichsbund-Bundeshaus in Berlin wird bezogen (An der Stralauer Brücke 6). |
| Mitte der 20er Jahre | Spätestens ab dieser Zeit wird der Reichsbund immer mehr Teil der politischen Auseinandersetzung zwischen republiktreuen und die Republik bekämpfenden Kräften. |
| Mai 1926 | Der Zentralverband gründet unter den beiden Vorsitzenden August Karsten und Max Matthes nach dem Vorbild des Reichsbundes eine eigene Vermögensverwaltung, um rechtskräftige Geschäfte abschließen zu können. |
| Juni 1926 | Der Zentralverband kauft ein eigenes Haus in Berlin, Kaiser-Friedrich-Straße 9, zur Unterbringung seiner Geschäftsstelle. |
| 1. August 1926 | Übernahme des im Juli erworbenen Erholungsheimes Christlessee als Ort der Erholung für die Mitglieder des Reichsbundes |
| Dezember 1926 | 324.500 Mitglieder in 5.156 Ortsgruppen im Reichsbund |

**22.–25. Mai 1927** 4. Reichsbundestag in Hamburg: Feierlichkeiten zum zehnjährigen Bestehen unter Beteiligung von 8 ausländischen Partnerverbänden. Konferenzen der CIAMAC (zu Deutsch: Internationale Arbeitsgemeinschaft der Verbände der Kriegsopfer und Kriegsteilnehmer). Unter seinen führenden Köpfen Richard Maroke, Christoph Pfändner und Erich Roßmann legt der Reichsbund ein Bekenntnis zur Weimarer Republik, zur Völkerverständigung und zur Wahrung des Friedens in Europa ab.

**16. Juli 1927** Mit dem „Gesetz über Arbeitsvermittlung und Arbeitslosenversicherung“ wird ein elementarer sozialpolitischer Fortschritt erzielt, auf den Reichsbund und Zentralverband lange hingearbeitet haben. Erst 1969 wird es durch ein moderneres Arbeitsförderungsgesetz abgelöst.

**8. Juni 1928** Stärkung der „Gemeinnützige Reichsbund Kriegersiedlung GmbH“ durch eine Verfünffachung des Stammkapitals

**1927/28** Flugschriften des Reichsbundes wie „Getretenes Recht“ oder „Kämpft mit uns“ werden mit Auflagen von bis zu 1,5 Millionen Stück verteilt.

**1927/28** Erfolge des Reichsbundes: deutliche Verbesserungen in der Kriegsopferversorgung und in der Rentenversicherung, positive Bilanz für das Schwerbeschädigtengesetz

**1927/28** Entwicklung erster Ideen zu einer Vereinigung zwischen Reichsbund und Zentralverband – diese werden aber wieder verworfen.

**9.–11. August 1928** 4. Jahresversammlung der CIAMAC: Erich Roßmann bezeichnet die deutsch-französische Aussöhnung wie auch die Zusammenarbeit zwischen beiden Ländern als fundamentale Voraussetzung für ein friedliches Europa.

**1. April 1929** Richard Maroke scheidet aus, Christoph Pfändner wird 1. Bundesvorsitzender.

| | |
|---|---|
| 23.–25. Okt. 1929 | Die besonders schweren Kursverluste an der New Yorker Börse führen zu einer Weltwirtschaftskrise. Abzug amerikanischen Kapitals aus Europa, Einschränkungen im internationalen Handel und Schutzzölle sind die Folge. |
| Dezember 1929 | Der Reichsbund zählt zirka 475.000 Mitglieder und der Zentralverband rund 325.000. |
| Dezember 1929 | Bei 6.134 Todesfällen zahlt die Sterbekasse des Reichsbundes 505.225,50 RM an die Hinterbliebenen aus. |
| 27. März 1930 | Die Regierung unter SPD-Reichskanzler Hermann Müller tritt zurück, es folgt eine bürgerlich-konservative Regierung unter Heinrich Brüning. |
| Zwischen 1930–1933 | Vielzahl von Notverordnungen, Gesetzesaufhebungen im Reichstag und Reichstagsauflösungen. Das parlamentarische System gerät ins Wanken. |
| Ab Herbst 1930 | Neben dem Kampf gegen den Sozialabbau rückt auch der Kampf gegen den Nationalsozialismus immer stärker in den Fokus des Reichsbundes. |
| 1931 | Bankenkrise, Zusammenbruch der Großbanken, Anstieg der Arbeitslosenzahl bis Anfang 1932 auf sechs Millionen, Kollaps der Arbeitslosenversicherung |
| 1931/32 | Deutsche Invaliden-Zeitung dokumentiert gewalttätige Übergriffe von NS-Sympathisanten, SS und SA auf Versammlungen des Zentralverbandes. |
| 31. Juli 1932 | Reichstagswahlen: NSDAP wird stärkste Partei im Reichstag. |
| 30. Januar 1933 | Machtergreifung der Nationalsozialisten: Ernennung von Adolf Hitler zum Reichskanzler. Durch die rigide Umsetzung einer Reihe von Verordnungen werden die Grundrechte der Weimarer Verfassung quasi außer Kraft gesetzt. |
| Frühjahr 1933 | Der Reichsbund appelliert direkt an die neue Staatsführung und weist auf die eigene Loyalität, parteipolitische Neutralität, Verfassungstreue und vor allem auf die jahrelange Arbeit für die Kriegsopfer hin. |

| | |
|---|---|
| Ende März 1933 | Der Zentralverband gerät in den Fokus der NSDAP-Gauleitung unter Joseph Goebbels. Es kommt zu Hausdurchsuchungen, Mitarbeitsverboten für Mitglieder in Wohlfahrts- und Beschwerdeausschüssen und zum Verbot von Ortsgruppen. |
| Ende März 1933 | Im Ministerium des Innern wird ein Kommissar eingesetzt, der den Bundesvorstand ersetzen soll. Diverse Reichsbund-Gaue werden von den nationalsozialistischen Machthabern in kommissarische Verwaltung genommen. |
| 29. April 1933 | Letzte Reichskonferenz des Reichsbundes in Berlin. Unter Aufsicht der Nationalsozialistischen Kriegsopferversorgung e.V. (NSKOV): Beschluss des Reichsbundes zur Auflösung zum 31. Mai 1933, Übertragung des Reichsbund-Vermögens und Eingliederung in die NSKOV. |
| 2. Mai 1933 | Als demokratische Interessenvertretung der Sozialrentner hört der Zentralverband auf zu bestehen. |
| 10. Mai 1933 | In einem Artikel in der Bundeszeitung mit dem Titel „Zum Abschied" werden die Mitglieder des Reichsbundes über die Selbstauflösung informiert. Den Mitgliedern wird freigestellt, ob sie zur Wahrung ihrer Ansprüche die NSKOV als Interessenvertretung anerkennen. |
| 31. Mai 1933 | Auflösung und Zerschlagung des Reichsbundes.<br>Der Reichsbund existiert nicht mehr als unabhängige Interessenvertretung. |
| 1933 bis 1945 | Im Vordergrund stehen Instrumentalisierung und Propaganda, Indoktrinierung und Militarisierung der Gesellschaft. Leistungsverbesserungen innerhalb der Sozialpolitik finden nicht statt. Ab zirka 1944 stellt die NSKOV die Versorgung der Kriegsopfer de facto ein, sie stellt keine echte Interessenvertretung dar. |
| 7./8. Mai 1945 | Bedingungslose Kapitulation Deutschlands |

| | |
|---|---|
| Zweite Hälfte 1945 | Bereits wenige Monate nach Kriegsende finden sich auf Ortsebene erste Gruppen von Kriegs- und Zivilbeschädigten zusammen, z. B. in Dortmund, Kiel oder Gelsenkirchen. |
| 16. Januar 1946 | Sozialversicherungsdirektive Nr. 11 der britischen Militärregierung: Abschaffung von Versorgungsrenten an Kriegsopfer. Die Direktive beschränkt Ansprüche aus der Sozialversicherung. Die sich daraus ergebende Notlage der Kriegsopfer verstärkt die Forderung nach einer funktionierenden Interessenvertretung. |
| 1. März 1946 | Der frühere Gausekretär Ernst Born beginnt in Hamburg mit den Vorbereitungen für die Wiedergründung. |
| November 1946 | Hermann Hußmann aus Hamburg erlangt von den Besatzungsbehörden die Lizenz, ein Mitteilungsblatt mit dem Namen „Rohrpostbrief" herauszugeben. Dies ist der Wiederbeginn der heutigen Verbandszeitschrift. |
| 29. Nov. 1946 | Zonenkonferenz in Hamburg: Wiedergründung als „Reichsbund der Körperbeschädigten, Sozialrentner und Hinterbliebenen" in der britischen Besatzungszone. In der amerikanischen und französischen Zone wird der Reichsbund nicht zugelassen. Senator a. D. Paul Neumann wird zum 1. Bundesvorsitzenden gewählt. |
| 1. Januar 1947 | Erste Nachkriegssatzung tritt in Kraft. |
| 6. Oktober 1947 | Durch die Militärregierungsverordnung Nr. 111 Wiedereinführung der Arbeitslosenversicherung in der britischen Zone |
| 29./30. Nov. 1947 | „Goslarer Programm" – das erste sozialpolitische Programm aller Kriegsopferverbände in der britischen und amerikanischen Besatzungszone. Beschluss aller Teilnehmer, eine Einheitsorganisation zu schaffen. |
| 9. April 1948 | Sitzung des Bundesvorstandes: Stimmen aus den Landesverbänden der amerikanischen Zone werden laut, die den Vereinigungsbeschluss infrage stellen und von einem Anschluss aller Landesverbände an den Reichsbund wieder abrücken. |

| | |
|---|---|
| 29. Mai–<br>1. Juni 1948 | 1. Ordentlicher Bundestag in Bad Sachsa: Bestätigung 1. Bundesvorsitzender Paul Neumann. Beschluss zur Bildung der Vermögensverwaltungs-GmbH sowie zur Einführung einer Sterbefallunterstützungseinrichtung. |
| 20. Juni 1948 | Währungsreform tritt in Kraft. Deutsche Mark wird alleiniges gesetzliches Zahlungsmittel. Stabilisierung der Wirtschaft und des Bankensektors. |
| Aug./Sept. 1948 | Der seit 1946 herrschende Dissens innerhalb der verschiedenen Kriegsopferorganisationen in den Besatzungszonen über die Frage „Zentralverband oder Dachorganisation" führt zur Spaltung der Organisation, nach der der Reichsbund praktisch nur noch in Form der Landesverbände Hamburg, Niedersachsen, Schleswig-Holstein und Bremen besteht. |
| September 1948 | „Bund der Kriegs- und Zivilbeschädigten, Sozialrentner- und Hinterbliebenenverbände Deutschlands' (BKD) als Dachorganisation selbstständiger Verbände. Spätere Auflösung und Wiedergründung 1950 als VdK. Die Trennung der beiden Verbände besteht, trotz diverser Versuche zur Vereinigung, bis heute fort. |
| 1. Januar 1949 | Bundeszeitung „Reichsbund" erscheint unter dem Redakteur Max Schümmer. |
| 1. April 1949 | Reichsbund-Vermögensverwaltungs-GmbH pachtet das Erholungsheim Bad Sachsa. |
| 23./24. Mai 1949 | Verkündung und Inkrafttreten des Grundgesetzes, Gründung der Bundesrepublik Deutschland |
| Nach der Gründung | Umbenennung in „Reichsbund der Kriegs- und Zivilbeschädigten, der Bundesrepublik Sozialrentner und Hinterbliebenen". Der Verband wird im ganzen Bundesgebiet tätig. |
| 26. August 1949 | Gründung der Gemeinnützigen Reichsbund Wohnungsbau- und Siedlungsgesellschaft mbH, Sitz Hamburg |

| | |
|---|---|
| 7. September 1949 | Überreichung eines Gesetzesentwurfs zur Versorgung der Kriegsopfer an den Deutschen Bundestag |
| 1. Oktober 1950 | Das Bundesversorgungsgesetz tritt in Kraft. Der Reichsbund protestiert gegen die Einführung des Bedürftigkeitsprinzips. |
| 14.–16. Sept. 1951 | 2. Ordentlicher Bundestag in Hamburg: Appell an die Siegermächte, die deutschen Kriegsgefangenen freizulassen |
| 1. April 1952 | 1. Novelle zum Bundesversorgungsgesetz tritt in Kraft. Die Organisation bewirkt zwischen 1950 und 1969 in sechs Novellen und drei Neuordnungsgesetzen zum Bundesversorgungsgesetz deutliche Leistungsverbesserungen für die Kriegsopfer. |
| 27. Mai 1953 | Der Alliierte Kontrollrat übergibt die Kriegersiedlung GmbH in Berlin zurück an den Reichsbund. Christoph Pfändner übernimmt den Aufsichtsratsvorsitz. |
| 16. Juni 1953 | Der Verband arbeitet an der Formulierung des Gesetzes über die Beschäftigung Schwerbeschädigter mit und erwirkt die Einführung einer Ausgleichsabgabe für jeden nicht besetzten Arbeitsplatz. |
| 17. Juni 1953 | Volksaufstand in der DDR |
| 1953 | Verbesserungen in der Kriegsopferversorgung führen zu Mehraufwendungen von 425 Millionen Mark. |
| Januar 1954 | Zahl der Versorgungsberechtigten im Bundesgebiet erreicht ihren absoluten Höchststand: zirka 4,7 Millionen Kriegsopfer im Bundesgebiet. 1,6 Millionen Kriegsbeschädigte, 1,2 Millionen Witwen, 1,4 Millionen Halb- und etwa 60.000 Vollwaisen. |
| 1. Juni 1954 | Reichsbund schlägt der Bundesregierung die Bezeichnung „Körperbehinderte“ vor anstatt aller Begriffsvarianten von „verkrüppelt“. |

| | |
|---|---|
| 11.–13. Okt. 1954 | 3. Bundestag des Reichsbundes in Berlin |
| Ende 1954 | 3. Novelle des Bundesversorgungsgesetzes: 410 Millionen Mark Mehraufwendungen werden für die Kriegsopfer erreicht. |
| 1955 | Der Reichsbund hat zirka 800.000 Mitglieder. |
| 18.–20. Juni 1955 | „Treffen der Hunderttausend": größtes Treffen von Kriegsopfern in der Nachkriegszeit in Hamburg |
| 8. Mai 1956 | 5. Novelle des Bundesversorgungsgesetzes: 772 Millionen Mark an Mehrleistungen werden für die Kriegsopfer erreicht. |
| 28. Mai–2. Juni 1956 | 6. Generalversammlung des Weltfrontkämpferverbandes: Delegierte aus 35 Nationen sprechen sich für die deutsche Wiedervereinigung aus. |
| Juli 1956 | Entwurf für ein Körperbehindertenfürsorgegesetz |
| 29. Nov. 1956 | Festakt im Hamburger Rathaus anlässlich des 10. Jahrestages der Wiedergründung nach dem Zweiten Weltkrieg |
| 8. Dezember 1956 | Konstituierende Sitzung des „Deutschen Kriegsopferausschusses" von Reichsbund, VdK und VKS |
| 1. Januar 1957 | Rentenversicherungs-Neuregelungsgesetz: Die Forderung des Verbandes nach Angleichung der Renten aus der Sozialversicherung an das veränderte Lohn- und Preisgefüge werden weitgehend erfüllt. |
| 25. März 1957 | „Römische Verträge": Gründung der EWG (Europäische Wirtschaftsgemeinschaft) als Vorgängerorganisation von EG und EU |
| 1. April 1957 | „Körperbehindertengesetz" als enormer Fortschritt für zivile Körperbehinderte tritt in Kraft. |
| 22. Mai 1957 | 6. Novelle des Bundesversorgungsgesetzes: weitere Erhöhung der Aufwendungen in der Kriegsopferversorgung |

| | |
|---|---|
| 30. März 1958 | Der Reichsbund spricht sich dafür aus, die Atomkraft ausschließlich friedlich zu nutzen. |
| 17.–21. Sept. 1958 | 4. Bundestag des Reichsbundes in Düsseldorf. Verbesserungen in der Kriegsopferversorgung stehen im Mittelpunkt. |
| 1958 | Aktuelle Zahlen: 129.000 einseitig Beinamputierte, fast 42.000 einseitig Armamputierte, 10.370 Doppelt-Beinamputierte, 882 Doppelt-Armamputierte, 113 Dreifach-Amputierte, 28 Vierfach-Amputierte, 946 Ohnhänder und 5.107 Kriegsblinde. Beide Verbände zusammen vertreten 3,8 Mio. versorgungsberechtigte Kriegsopfer. |
| 1. Januar 1959 | Bundeszeitung „Reichsbund" feiert 10-jähriges Bestehen. |
| 8. März 1959 | Uraufführung des Reichsbund-Dokumentarfilms „Im Dienste des Nächsten" in Hamburg |
| 1959 | Bundesregierung bewilligt 550 Millionen Mark statt der geforderten 4,5 Milliarden. |
| 1. Oktober 1959 | Das vom Reichsbund geforderte Gesetz über die Tuberkulosehilfe tritt in Kraft. |
| Ende 1959 | Kontinuierliche Steigerung bei der Sterbefallunterstützung: 1959 wird bei über 10.000 Sterbefällen zirka 1 Million Mark ausgezahlt (1948 bei knapp 700 Sterbefällen ungefähr 60.000 Mark an Auszahlungen, 1956: zirka 7.700 Todesfälle und ungefähr 750.000 Mark). |
| 20. Januar 1960 | Der Bundesvorstand wendet sich in einer Erklärung gegen jede Form antijüdischer Hetze. |
| Mai/Juni 1960 | Erfolg des Reichsbundes: Neuregelung im Kriegsopferrecht – erhebliche Etaterhöhung/Berufsschadenausgleich wird eingeführt |
| 20. Juni 1960 | 1. Bundesvorsitzender Paul Neumann wird 80 Jahre und erhält als Erster die Reichsbund-Verdienstmedaille. |

| | |
|---|---|
| 25. Juni 1960 | Einweihung des Reichsbund-Erholungsheimes „Haus Johannisburg“ in Bad Neuenahr |
| Ende 1960 | 3,25 Millionen anerkannte versorgungsberechtigte Kriegsopfer |
| Mai 1961 | Bundestag verabschiedet das Bundessozialhilfegesetz/Reichsbund erreicht zeitgemäße Gewährung von Hilfeleistungen für Menschen in sozialen Notlagen. |
| 13. August 1961 | Bau der Berliner Mauer |
| 17. August 1961 | Paul Neumann stirbt im Alter von 82 Jahren. |
| 17./18. Aug. 1961 | Der bisherige 2. Bundesvorsitzende Rudolf Kleine übernimmt den Bundesvorsitz und legt zum Gedenken an die Opfer des Mauerbaus in Berlin einen Kranz nieder. |
| Februar/März 1962 | Unter dem Eindruck der Hamburger Flutkatastrophe stellt der Bundesvorstand 10.000 Mark als Soforthilfe zur Verfügung. Eine Spendenaktion der Mitglieder bringt bis Ende März 100.000 Mark. |
| 1. Juni 1962 | Einführung des Bundessozialhilfegesetzes bewirkt die Abkehr von der diskriminierenden Armenfürsorge und die Zusammenfassung des bislang nicht einheitlichen öffentlichen Fürsorgerechts. |
| 25.–27. Okt. 1962 | 5. Bundestag des Reichsbundes in Frankfurt a. M.: Forderung des Reichsbundes nach Hilfeleistung für die zirka 2.500 contergangeschädigten Kinder, die den Conterganeinsatz überlebten. |
| Oktober 1962 | „Spiegel“-Affäre |
| 9. November 1962 | Einweihung des „Senator-Neumann-Heims“ in Hamburg-Bergstedt |
| 22. Januar 1963 | Kauf des Hauses in der Beethovenstraße 58 in Bad Godesberg für die neue Bundesgeschäftsstelle |

| | |
|---|---|
| 22. Januar 1963 | Deutsch-französischer Freundschaftsvertrag: Charles de Gaulle und Bundeskanzler Konrad Adenauer unterzeichnen Vertragswerk zur deutsch-französischen Zusammenarbeit. |
| 17. Juni 1963 | Kranzniederlegung in Berlin in Erinnerung an den Volksaufstand in der DDR am 17. Juni 1953 |
| Juli 1963 | Inkrafttreten des Unfallversicherungs-Neuregelungsgesetzes: Reichsbund erreicht wesentliche Verbesserungen. |
| 1. September 1963 | Verlegung der Geschäftsstelle der Gemeinnützigen Reichsbund Wohnungsbau- und Siedlungsgesellschaft mbH von Hamburg nach Hannover |
| 10. Dezember 1963 | Marsch auf Bonn: Protestmärsche von rund 35.000 Kriegsopfern gegen den Stufenplan der Regierung unter Ludwig Erhard zur Aufteilung des Mehraufwands von 1,2 Milliarden Mark in zwei Etappen |
| 4. Januar 1964 | Verlegung der Bundesgeschäftsstelle nach Bad Godesberg, Beethovenstraße 58 |
| 22. Januar 1964 | Bundestag stimmt einer Verbesserung der Kriegsopferversorgung zu. Jährliche Mehraufwendungen steigen von 648 Millionen auf 1,243 Milliarden. |
| 2. April 1965 | Verabschiedung des Rentenversicherungs-Änderungsgesetzes (Härtenovelle), damit Beseitigung von ungerechtfertigten Härten in der Rentenversicherung |
| Mai 1965 | 11. Generalversammlung des Weltfrontkämpferverbandes in Lausanne. Bundesvorsitzender Rudolf Kleine fordert im Namen des Reichsbundes, dass Kriegsverbrechen keiner Verjährung unterliegen dürfen. |
| 1965 | 1. Bundesvorsitzender Kleine als Ehrengast bei den Stoke-Mandeville-Spielen in England, an denen die Bundesrepublik Deutschland mit einer starken Querschnittsgelähmten-Mannschaft teilnimmt |

| | |
|---|---|
| 11.–17. Sept. 1966 | 10. Weltkongress der Internationalen Gesellschaft für die Rehabilitation Behinderter (ISRD) in Wiesbaden: Ausstellung zum Thema der Überwindung architektonischer Hindernisse |
| 1966 | Zirka 2,8 Millionen Kriegsopfer |
| 21.–25. Sept. 1966 | 6. Bundestagung des Reichsbundes in Berlin |
| 28. Oktober 1966 | 3. Neuordnungsgesetz zum Kriegsopferrecht |
| Bis Ende 1966 | Über 10.800 Wohneinheiten sind von der „Gemeinnützigen Reichsbund Wohnungsbau- und Siedlungsgesellschaft mbH“ seit ihrem Bestehen erstellt worden. |
| 1967 | Neue Regierung – große Koalition unter Kurt Georg Kiesinger: bisher höchste Offerte für die Verbesserung der Kriegsopferrenten um etwa 880 Millionen auf nahezu 6 Milliarden Mark, Vereinbarung der Anpassungsklausel ab 1969 |
| 19. März 1967 | 8. Welttag der Invaliden unter dem Motto: „Sie gehören zu uns!“ Umfangreiche Aufklärungsaktion des Reichsbundes in Presse, Rundfunk und Fernsehen |
| 13. September 1967 | Einschneidende Kürzungen des Sozialhaushaltes durch die Bundesregierung, Proteste des Reichsbundes gegen die geplante Einführung eines vierprozentigen Beitrages der Rentner zur Krankenversicherung |
| 28. Oktober 1967 | Feierstunde zu „50 Jahre Reichsbund“ in Bonn zum Abschluss des Jubiläumsjahres |
| 1. Januar 1968 | Einführung der Mehrwertsteuer von 10 Prozent schmälert die Kaufkraft der Renten in Deutschland. |
| 1968 | Grundsteinlegung für das größte Reichsbund-Wohnungsbauvorhaben in Hannover-Davenstedt mit 450 Mietwohnungen, 40 Altenwohnungen und 50 Einfamilienhäusern |
| Ab 1. Januar 1969 | Beginn des Aufbaus der Reichsbund-Jugendarbeit |

| | |
|---|---|
| 23. März 1969 | 10. Welttag der Invaliden unter dem Motto „Beseitigt architektonische Hindernisse“ |
| April 1969 | Erklärung des Bundesvorstandes zur Unverjährbarkeit von Kriegsverbrechen |
| April bis Juni 1969 | Verabschiedung eines modernen Arbeitsförderungsgesetzes, eines Gesetzes über die Lohnfortzahlung für Arbeiter im Krankheitsfall sowie Einführung einer Versicherung für Sterbegeld- und Unfallvorsorge |
| 26. August 1969 | 20-jähriges Jubiläum der Gemeinnützigen Reichsbund Wohnungsbau- und Siedlungsgesellschaft mbH |
| 1. Oktober 1969 | Einführung einer Versicherung für Sterbegeld- und Unfallvorsorge für Reichsbund-Mitglieder sowie deren Angehörige |
| 21. Oktober 1969 | SPD-Regierungsübernahme unter Willy Brandt |
| Januar 1970 | 1. Anpassungsgesetz zur Kriegsopferversorgung tritt in Kraft. Entscheidender Durchbruch in der Kriegsopferversorgung: zum ersten Mal dynamische Anpassung der Versorgungsleistungen an die Entwicklung der Löhne und Gehälter. |
| 4. Juni 1970 | Bundestag verabschiedet 2. Anpassungsgesetz zur Kriegsopferversorgung. |
| 1.–4. Oktober 1970 | 7. Bundestagung in Koblenz unter dem Motto „Wir dienen dem Frieden“. Unter den vielen ausländischen Delegationen sind erstmals auch Vertreter aus Polen und Jugoslawien. |
| 19. Oktober 1970 | Die Bundesbahn gibt bekannt, bei Neukonstruktionen mehr Aufmerksamkeit auf behindertengerechte Nutzung zu legen. |
| 1970 | Die Weihnachtsansprache von Bundespräsident Gustav Heinemann lenkt explizit den Blick auf die körperlich, geistig und seelisch Behinderten und deren Bedürfnisse. |

| | |
|---|---|
| 1.–8. März 1971 | Auf Einladung des Bundesvorstandes: erster Besuch sowjetischer Kriegsopfer und Kriegsteilnehmer nach dem Zweiten Weltkrieg in der Bundesrepublik |
| 25. Okt.–<br>3. Nov. 1971 | Informationsreise des Reichsbundes durch die UdSSR: erste Begegnung deutscher und sowjetischer Kriegsopfer und -teilnehmer in der Sowjetunion nach dem Zweiten Weltkrieg |
| 18.–20. Nov. 1971 | 1. gesamteuropäisches Treffen der Kriegsopfer, Kriegsteilnehmer und Widerstandskämpfer für Sicherheit, Freundschaft und Frieden in Rom |
| 26. November 1971 | Festakt zum 25. Jahrestag der Wiedergründung des Reichsbundes im Phönixsaal des Hamburger Rathauses |
| Jahreswechsel<br>1971/72 | Reichsbund fordert Ausbau des Schwerbehindertengesetzes zu einem Eingliederungsgesetz für Behinderte, unabhängig von der Ursache der Behinderung. |
| 26. Februar 1972 | Beschluss des Reichsbundes, die Trägerschaft eines in Bremen geplanten Berufsbildungswerkes für die berufliche Erstausbildung behinderter Jugendlicher zu übernehmen |
| 18. März 1972 | Gründungsversammlung der „Jugend im Reichsbund" in Mannheim |
| 21. März 1972 | Die Bundesregierung reagiert auf Forderungen des Reichsbundes und sagt zu, künftig bei Raumordnung, Bauwesen sowie Städtebau auf Barrierefreiheit zu achten. |
| September 1972 | Besonders sichtbarer Erfolg des Reichsbundes: Einführung einer flexiblen Altersruhegrenze für Schwerbehinderte |
| 18. Januar 1973 | Bundeskanzler Willy Brandt kündigt in Regierungserklärung einen weiteren Ausbau der sozialen Sicherungssysteme an und empfängt im März die Spitze des Reichsbundes zu einem Gedankenaustausch. |

| | |
|---|---|
| 5. September 1973 | Bundesregierung beschließt die Anpassung der Kriegsopferversorgung in zwei Etappen für 1974 und 1975. |
| Spätherbst 1973 | Ölpreisschock und leere Autobahnen – Ausnahme für Schwerbeschädigte von den Sonntagsfahrverboten |
| 1. Januar 1974 | Die Bundeszeitung „Reichsbund“ feiert ihr 25-jähriges Erscheinen. |
| 25. Januar 1974 | Die Einführung des Schwerbehindertengesetzes gilt als einer der größten sozialpolitischen Erfolge des Reichsbundes: Alle Behinderten, unabhängig von der Ursache der Behinderung, werden in dessen Schutz einbezogen (Verwirklichung des Finalitätsprinzips). |
| 1. Mai 1974 | Das Schwerbehindertengesetz tritt in Kraft. |
| 6./7. Mai 1974 | Rücktritt Willy Brandts |
| 7. August 1974 | Auf Initiative des Reichsbundes werden die Rehabilitationsleistungen im Rehabilitationsangleichungsgesetz einheitlich geregelt. |
| 30. Sept.– 2. Okt. 1974 | 8. Bundestagung des Reichsbundes in Bremen unter Aufnahme zeitgemäßer Begriffe aus der Sozialpolitik: Umbenennung in „Reichsbund der Kriegsopfer, Behinderten, Sozialrentner und Hinterbliebenen“ |
| Oktober 1974 | Kriegsopferrenten für die zirka 2,25 Millionen Kriegsopfer steigen um rund 11,1 Prozent. |
| 1. Oktober 1974 | Neues Behindertengesetz tritt in Kraft: Rechtsanspruch auf umfassende medizinische und berufliche Hilfen zur Eingliederung in Arbeit, Beruf und Gesellschaft, unabhängig von der Ursache der Behinderung. |
| 12. Februar 1975 | Treffen des Präsidiums mit Bundeskanzler Helmut Schmidt, Gedankenaustausch zu sozialpolitischen Fragen. Themen sind: Arbeitsplatzsicherung für Schwerbehinderte, Wiedereingliederung in den Arbeitsprozess, soziale Sicherung der Frauen. |

| | |
|---|---|
| 7. Mai 1975 | Gesetz über die Sozialversicherung Behinderter: Der Reichsbund bewirkt die gesetzliche Einbeziehung der in Werkstätten und Heimen beschäftigten Behinderten. |
| 20. Juni 1975 | Grundsteinlegung für ein Reichsbund-Erholungsheim im sauerländischen Brilon, konzipiert als Modelleinrichtung für behindertengerechtes Bauen |
| 18. September 1975 | Beginn des ersten Bauabschnitts für das Reichsbund-Berufsbildungswerk Bremen/Schaffung von 305 Ausbildungs- und Internatsplätzen für behinderte Jugendliche |
| 26. November 1975 | Beitritt zum Deutschen Frauenrat zum Abschluss des „Internationalen Jahres der Frau“ |
| 21. März 1976 | Zentrale Kundgebung des Reichsbundes zum 17. Welttag der Behinderten unter dem Motto „Recht auf Arbeit für Behinderte“. Bundeskanzler Schmidt sagt zu, die Integration weiter auszubauen. |
| 1. Juli 1976 | Die der Dynamisierung unterliegenden Leistungen des Bundesversorgungsgesetzes werden um rund 11 Prozent angehoben. |
| 3. Oktober 1976 | 1. Vorsitzende Rudolf Kleine überreicht den Abgeordneten des neu gewählten Bundestages einen 50 Punkte umfassenden sozialpolitischen Dringlichkeitskatalog. |
| 29. November 1976 | Feierstunde zum 30. Jahrestag der Wiedergründung in Hamburg |
| 1. Januar 1977 | „Jahr des Reichsbundes“ beginnt. Der Verband feiert sein 60-jähriges Bestehen. |
| 20. Mai 1977 | Feierstunde zum 60-jährigen Bestehen des Verbandes in Bonn. Besondere Würdigung gilt den Frauen im Reichsbund und ihren Leistungen für die Gesellschaft. |
| 21. Dezember 1977 | Kaufvertrag für ein Grundstück am Kurfürstendamm. Hier soll ein behindertengerechtes Gästehaus des Reichsbundes entstehen. |

| | |
|---|---|
| 24. Januar 1978 | Erholungszentrum in Brilon nimmt den Betrieb auf. |
| Ab Mai 1978 | Eine Vielzahl von Initiativen des Reichsbundes für eine flexible Altersgrenze für Schwerbehinderte, bei der dieser Personenkreis bereits mit Vollendung des 60. Lebensjahres Altersruhegeld beziehen kann. Zum 1. Januar 1980 wird dieses gesetzlich erreicht. |
| 17. Juni 1978 | Reichsbund erinnert an den Volksaufstand in der DDR vor 25 Jahren und bekennt sich zu Frieden und Freiheit und zum Tag der deutschen Einheit. |
| 1. September 1978 | Fertigstellung des Rehabilitationszentrums zur beruflichen Erstausbildung von jungen Behinderten in Bremen. Es ist die größte organisationseigene Einrichtung. |
| 1. Januar 1979 | Inbetriebnahme der Reichsbund-Erholungsheimes „Waldburg“ in Bad Bevensen |
| Anfang 1979 | Erste Stufe der Herabsetzung der flexiblen Altersgrenze für Schwerbehinderte auf 60 Jahre. (Die zweite Stufe folgt zum 1. Januar 1980.) |
| 8. Februar 1979 | 60 Jahre vertrauensvolle Zusammenarbeit mit der Kriegsopferfürsorge und den Hauptfürsorgestellen |
| 8. August 1979 | Der langjährige 1. Bundesvorsitzende Rudolf Kleine erklärt aus gesundheitlichen Gründen seinen Rücktritt von allen Ämtern. |
| 22.–26. Sept. 1979 | 9. Bundestagung in Hannover: Ehemaliger 2. Bundesvorsitzende Hermann Meyer wird zum 1. Bundesvorsitzenden gewählt. |
| 1. Oktober 1979 | Erfolg des Verbandes: Gesetz über die unentgeltliche Beförderung Schwerbehinderter im öffentlichen Personennahverkehr tritt in Kraft. |
| 13. Dezember 1979 | 60 Jahre Arbeiterwohlfahrt/60 Jahre erfolgreiche Zusammenarbeit mit dem Reichsbund |

| | |
|---|---|
| 1. Januar 1980 | Ruhestand mit 60 Jahren wird für schwerbehinderte Arbeiter möglich. |
| 2. Januar 1980 | Beginn des zweiten Bauabschnittes des Berufsbildungswerkes, Erweiterung auf 405 Plätze |
| April 1980 | Arbeitskreis des Reichsbundes präsentiert eigenes Konzept zur Rentenreform. |
| 9. Mai 1980 | Erstmals veranstaltet der Reichsbund Seminare z. B. mit der Architektenkammer Schleswig-Holstein zum Thema „behindertengerechtes Bauen", diese Seminare werden fester Bestandteil der Verbandsarbeit. |
| 10. Oktober 1980 | Aufforderung an Bundeskanzler Schmidt, das System der sozialen Sicherheit sinnvoll weiterzuentwickeln und nicht zu Lasten der sozial Schwachen zu sparen |
| 1980 | Viel Engagement des Reichsbundes auf internationalem Gebiet, z. B. im Weltverband der Behinderten (FIMITIC) oder im Weltfrontkämpferverband (WVF) |
| 1980 bis 1983 | Vier Mitglieder der Reichsbund-Führung werden zu Bundessozialrichtern berufen. |
| 1981 | „Internationales Jahr der Behinderten" (Vereinte Nationen) |
| 17. Januar 1981 | Einwöchige Auftaktveranstaltung des Reichsbundes in Gelsenkirchen: 10-Punkte-Programm zur Rehabilitation der Behinderten |
| 26. März 1981 | 10 Thesen zur Verbesserung der Lebenssituation von behinderten Frauen, erarbeitet auf einer frauenpolitischen Bundesarbeitstagung des Reichsbundes |
| 17. August 1981 | 800.000 Mitglieder im Reichsbund. Reichsbund wendet sich vehement gegen die Sparbeschlüsse und Kürzungen im sozialen Bereich zu Lasten seiner Mitglieder.<br>Im Bereich der Kriegsopferversorgung erreicht der Reichsbund eine Rücknahme der Einsparungen. |

| | |
|---|---|
| Herbst 1981 | Erfolg der Demonstrationen und der Proteste des Reichsbundes: Rücknahme großer Sparmaßnahmen in der Kriegsopferversorgung |
| 30. Dezember 1981 | Negativer Rekord: Über 100.000 arbeitslose Schwerbehinderte sind registriert. |
| Anfang 1982 | Aktionsprogramm gegen die Arbeitslosigkeit der Schwerbehinderten |
| 9. Februar 1982 | Richtfest für die Behindertenwerkstatt in Witten an der Ruhr |
| 20. März 1982 | Reichsbund-Kundgebung in Hannover unter dem Motto „Soziale Sicherheit – Garant für den inneren und äußeren Frieden" anlässlich des 23. Welttages der Behinderten |
| 23. Mai 1982 | 65. Jahrestag der Gründung des Reichsbundes – Feierstunde in Berlin am 22. Mai |
| 17. September 1982 | Das „Lambsdorff-Papier zur Wirtschafts- und Sozialpolitik" und weitere nicht lösbare Streitfragen zur künftigen Sozial- und Wirtschaftspolitik führen zum Ende der sozialliberalen Koalition. |
| 1. Oktober 1982 | Neue christlich-liberale Regierung unter Dr. Helmut Kohl mit Bundesarbeitsminister Dr. Norbert Blüm |
| 17. Dezember 1982 | Eröffnung des behindertengerechten Hotels Mondial als internationale Begegnungsstätte für Behinderte und Nichtbehinderte am Kurfürstendamm 47 in Berlin |
| 19. April 1983 | Protestveranstaltung gegen die soziale Demontage im Curio-Haus in Hamburg, Hauptredner ist der 1. Bundesvorsitzende Hermann Meyer. |
| 30. Mai 1983 | Eröffnung der Behindertenwerkstatt in Witten |

| | |
|---|---|
| 3.–4. Oktober 1983 | 10. Bundestagung in Lübeck-Travemünde unter dem Motto: „Gegen sozialen Abbau – für soziale Gerechtigkeit". 50. Jahre nach der Machtergreifung betont der Reichsbund die Bedeutung der sozialen Gerechtigkeit als Grundfundament der Gesellschaft und des Vertrauens der Bürger in ihren Staat. Der Reichsbund spricht sich für Frieden und Abrüstung aus. |
| Juli 1985 | Umfassender Forderungskatalog des Reichsbundes zur strukturellen Weiterentwicklung des Bundesversorgungsgesetzes (BVG) |
| 1985 | Der Reichsbund veröffentlicht „Vorschläge zur Verbesserung der sozialen Sicherung bei Pflegebedürftigkeit". |
| 1985/1986 | 14. und 15. Anpassungsgesetz – Kriegsopferversorgung (KOV) wesentlich verbessert, z. B. Anhebung des Berufsschadensausgleichs |
| 1986 | Novellierung des Schwerbehindertengesetzes: Abschwächungen beim besonderen Kündigungsschutz für behinderte Menschen werden verhindert, Einführung eines arbeitsplatzbezogenen Schwerbehindertenbegriffs. Ziel: Die Einstellungs- und Beschäftigungschancen von Schwerbehinderten sollen gezielt verbessert werden. |
| 1986/1987 | Beginn der internen strukturellen Schwierigkeiten: Bonner Finanzamt erkennt die Gemeinnützigkeit für den Zeitraum 1980 bis 1984 ab, Regressansprüche wegen der Führung des Hotels Mondial als Wirtschaftsbetrieb, Steuernachzahlungen in Millionenhöhe. |
| 1. September 1987 | Verkauf der Gemeinnützigen Reichsbund Wohnungsbau- und Siedlungsgesellschaft mbH Berlin an die Gemeinnützige Wohnungsbaugenossenschaft Neukölln zu einem extrem geringen Preis. Beginn der internen Auseinandersetzungen über die Umstände des Geschäftes und die Verantwortlichkeiten. |

| | |
|---|---|
| 1. Oktober 1987 | Die stufenweise Anerkennung von Kindererziehungszeiten auch für die vor 1921 geborenen Mütter durch das Kindererziehungsleistungsgesetz erfüllt eine Forderung des Reichsbundes. |
| 24.–26. Nov. 1987 | 11. Bundesverbandstagung in Berlin. Motto: „70 Jahre Kampf für soziale Gerechtigkeit" |
| November 1987 | Umbenennung des Verbandes in „Reichsbund der Kriegs- und Wehrdienstopfer, Behinderten, Sozialrentner und Hinterbliebenen e.V.". Damit ist der vertretene Personenkreis im Verbandsnamen umfassend dargestellt. |
| November 1987 | Modernisierung des Verbandslogos |
| 17. September 1988 | Vorsitzender Hermann Meyer gerät unter Druck: Seine Mitgliedschaft in der Waffen-SS wird bekannt, er tritt zurück. |
| 1988 | Mitgliederzahl des Verbandes mit ca. 420.000 statt 850.000 um mehr als die Hälfte geringer als offiziell angegeben |
| 1988 | Das 17. KOV-Anpassungsgesetz tritt in Kraft. Reichsbund erreicht u.a. Anhebung der Ausgleichsrenten, Unfallversicherung für Begleitpersonen Schwerbehinderter |
| 1988 | 134.500 schwerbehinderte Menschen ohne Arbeit |
| 20. März 1988 | 29. Welttag der behinderten Menschen |
| Juli 1988 | Die Verbandszeitung erscheint erstmals in neuem Layout. |
| 10. September 1988 | Kundgebung in Oldenburg am „Tag des Reichsbundes" mit über 12.000 Teilnehmern gegen Gesundheitsreformgesetz |
| Juli 1989 | Verabschiedung des „Aktionsprogramms des Reichsbundes zur Weiterentwicklung der Rehabilitation (Reha-Programm)" |
| 14. Oktober 1989 | Festveranstaltung „70 Jahre Frauen im Reichsbund" |

| | |
|---|---|
| 9. November 1989 | Öffnung der innerdeutschen Grenze, „Mauerfall“ |
| Ende 1989 | Wiedererlangung der Gemeinnützigkeit ab dem Jahre 1988 |
| 1989–1990 | Der Reichsbund erreicht strukturelle Verbesserungen für die Kriegsopfer durch das KOV-Strukturgesetz. |
| 1. Januar 1990 | Tod des 2. Bundesvorsitzenden Hermann Salomonson |
| Anfang 1990 | Reichsbund-Forderung nach verstärktem Bau behindertengerechter Wohnungen |
| 7. Februar 1990 | Mit Unterstützung des Reichsbund-Landesverbandes Hamburg: Gründung der „Behindertenarbeitsgemeinschaft Mecklenburg und Vorpommern, Kreis Lübz“ |
| 17. Februar 1990 | Bundeskonferenz in Königswinter: Neuwahl des Präsidiums, Neubesetzung von 3 der 4 Führungsposten |
| April 1990 | Gründung des „Behindertenverbandes der DDR“ (später Beitritt zum SoVD) |
| Mai 1990 | Veröffentlichung der Broschüre „Informationen für DDR-Bürger“ |
| 3. Mai 1990 | Konstituierung des Bundesfrauenarbeitskreises |
| 26. Mai 1990 | Gründung Reichsbund-Landesverband Thüringen in Erfurt |
| Juni 1990 | Gründung mehrerer Kreisverbände in Brandenburg |
| 11. Juni 1990 | Gründung Landesverband Sachsen-Anhalt |
| 10. Juli 1990 | Gründung Landesverband Sachsen in Chemnitz |
| 26. Juli 1990 | Gründung Landesverband Mecklenburg-Vorpommern |
| September 1990 | Konstituierung des Bundesjugendarbeitskreises |
| 3. Oktober 1990 | Deutsche Wiedervereinigung |

| | |
|---|---|
| 2. Dezember 1990 | Pressekonferenz zur Pflegeabsicherung als sozialpolitischer Priorität während der Koalitionsverhandlungen |
| 1991 | Reichsbund stellt seine Leitlinien zur europäischen Sozialpolitik vor. |
| 1991 | Der überarbeitete „Leitfaden für Behinderte“ erscheint; neu ist der „Steuerleitfaden für Behinderte“. |
| 1991 | Die ostdeutschen Landesverbände haben 44.510 Mitglieder. |
| 1.Januar 1991 | Übertragung des Bundesversorgungsgesetzes auf die neuen Bundesländer ist ein Erfolg des Reichsbundes. |
| 1.Januar 1991 | Reichsbund erreicht wichtige Änderungen im Schwerbehindertengesetz, u.a. die Erhöhung der Ausgleichsabgabe. Übernahme für die neuen Bundesländer. |
| 23. März 1991 | Die Pflege ist Hauptthema des 32. Welttages behinderter Menschen. |
| 19./20. April 1991 | Fusion der Kreisverbände Brandenburg mit dem LV Berlin zum Landesverband Berlin-Brandenburg |
| 9. September 1991 | Inbetriebnahme des Berufsbildungswerkes Stendal |
| 9.–11. Okt. 1991 | 12. Bundestagung in Münster unter dem Motto „Für ein soziales Deutschland und ein soziales Europa“ |
| 1991–1992 | In gleichlautenden Entschließungen sprechen sich Bundestag und Bundesrat für eine Verbesserung der sozialen Sicherung der Frauen aus. |
| 1992 | Mit der Erhöhung des Bundeszuschusses und der erweiterten Anrechnung von Kindererziehungszeiten durch das Rentenreformgesetz 1992 werden wichtige langjährige Forderungen des Reichsbundes durchgesetzt. |

| | |
|---|---|
| 1. Januar 1992 | Übernahme westdeutschen Rentenrechts in den neuen Bundesländern |
| 1. Januar 1992 | Anwendung der Großvereinsregelung zur Stärkung der Verbandsstrukturen |
| Februar 1992 | Konstituierende Sitzung des Bundesfrauenausschusses |
| 27. März 1992 | Der 1. Bundesvorsitzende Prof. Dr. Walter Franke erklärt den Pflegenotstand zur „nationalen Frage". |
| 30. Mai 1992 | Zentrale Festveranstaltung zum Jubiläum unter dem Motto: „75 Jahre Reichsbund – Dein Sozialpartner" |
| 30. Juni 1992 | Die christlich-liberale Koalition einigt sich auf Einführung einer umlagefinanzierten Pflegeversicherung. |
| 1. Januar 1993 | Start des europäischen Binnenmarktes |
| 1. April 1993 | Errichtung eines Verbindungsbüros des Bundesvorstandes in Berlin |
| 9.–11. August 1993 | Bundesfrauenkonferenz in Erfurt |
| 9. Oktober 1993 | Der 1. Bundesvorsitzende Prof. Dr. Walter Franke wird zum Präsidenten des Internationalen Verbandes der behinderten Menschen (FIMITIC) gewählt. |
| 1994 | Die Verabschiedung des Pflegeversicherungsgesetzes (SGB XI) ist auch ein Erfolg des Reichsbundes. |
| 30. Juni 1994 | Aufnahme des Diskriminierungsverbotes in Artikel 3 des Grundgesetzes |
| 8. September 1994 | Festveranstaltung „75 Jahre Frauen im Reichsbund" |
| 1. Januar 1995 | Start der schrittweisen Einführung der Pflegeversicherung |
| 15. Januar 1995 | Tod des früheren 1. Bundesvorsitzenden Hermann Meyer |

| | |
|---|---|
| 6. Februar 1995 | Tod des Reichsbund-Gründungsmitglieds Erich Zimmermann |
| 8.–10. Nov. 1995 | 13. Bundestagung in Travemünde unter dem Motto „Für eine sozial gesicherte Zukunft“ |
| 9. November 1995 | Kurzfassung des Namens in Sozialverband Reichsbund e. V. |
| 6. Juni 1996 | Sozialverband-Reichsbund-Kundgebung in Hannover gegen Kürzungen und Abbau des Sozialstaates mit etwa 20.000 Teilnehmern |
| 29. November 1996 | Rücktritt von Prof. Dr. Walter Franke als 1. Bundesvorsitzender |
| 1997 | Über 80.000 Unterschriften kommen bei der Aktion „Stopp den Leistungsabbau in der Krankenversicherung“ zusammen. |
| 15. Januar 1997 | Bundesweite Pressekonferenz zum Forderungskatalog „Positionen zur langfristigen Konsolidierung und Fortentwicklung der gesetzlichen Rentenversicherung“ |
| 1. Februar 1997 | Hans Fiedler wird neuer 1. Bundesvorsitzender. |
| 23. Mai 1997 | Festveranstaltung zum 80. Jubiläum des Sozialverband Reichsbund in Berlin |
| Sommer 1997 | Der Sozialverband Reichsbund bittet um Spenden für Opfer der Oder-Flut. |
| Herbst 1997 | Bei der Aktion „Ihr Recht auf Rente“ gegen Rentenkürzungen werden 130.000 Unterschriften gesammelt. |
| Ende 1997 | Gründung des „Bündnisses für die solidarische Krankenversicherung“ auf Initiative des Sozialverbands Reichsbund |
| Ende 1997 | Gründung der „Aktion gegen Gewalt in der Pflege (AGP)“ |

| | |
|---|---|
| 1998 | 20. Jubiläum des barrierefreien Erholungszentrums Brilon |
| 1998 | Sozialverband Reichsbund veröffentlicht die Broschüre „Sozialstaat 2000 – Überlegungen zur Zukunft der Sozialpolitik in Deutschland“. |
| 27. August 1998 | Erste Pressekonferenz der AGP zu Gewalt in Pflegeheimen |
| 19. September 1998 | Bundeskonferenz bereitet Fusion mit VdK vor. |
| 6. Februar 1999 | Rückübertragung des Grundstücks des früheren Sozialverband-Reichsbund-Hauses am Rolandufer 6 in Berlin-Mitte |
| 6. Juli 1999 | Sozialverband Reichsbund und VdK brechen Fusionsverhandlungen ab. |
| 24. August 1999 | „Rentengipfel“ bei Bundeskanzler Gerhard Schröder |
| 26. August 1999 | 50. Jubiläum der Reichsbund Wohnungsbau GmbH |
| 6.–8. Oktober 1999 | 14. Bundestagung unter dem Motto „Sozialstaat 2000 – solidarisch und gerecht“ in Celle |
| 7. Oktober 1999 | Umbenennung in Sozialverband Deutschland e.V. |
| 28. Oktober 1999 | SoVD-Großdemonstration „Hände weg von den Renten“ mit über 10.000 Teilnehmern |
| Dezember 1999 | Gründung des Deutschen Behindertenrates (DBR) |
| 11. Januar 2000 | Der Europäische Gerichtshof urteilt zu Gunsten des Rechts einer Frau auf freiwilligen Dienst in der Bundeswehr. |
| 17. Januar 2000 | Spitzengespräch zur Rentenpolitik zwischen dem SoVD und Bundesarbeitsminister Walter Riester |
| 14. März 2000 | Das Bundesverfassungsgericht urteilt zur Gleichbehandlung von Kriegsopfern und Hinterbliebenen in Ost und West. Daraufhin Anhebung der Beschädigtengrundrenten. |

| | |
|---|---|
| Sommer 2000 | Der SoVD beteiligt sich an der EXPO 2000 in Hannover. |
| Sommer 2000 | Der SoVD erhält ein neues Verbandslogo. |
| 1. Oktober 2000 | Die Novelle des Schwerbehindertengesetzes tritt in Kraft. |
| Herbst 2000 | Der SoVD unterstützt die Kampagne „50.000 neue Jobs für schwerbehinderte Menschen“. |
| 2001 | Beginn der Bauarbeiten für die Bundesgeschäftsstelle am Rolandufer in Berlin-Mitte |
| März 2001 | Bundestag und Bundesrat verabschieden die in mehrere Gesetze unterteilte „Riester-Rentenreform“. |
| März 2001 | Bundesfrauenkonferenz des SoVD |
| April 2001 | Die Bundesregierung stellt erstmals den Armuts- und Reichtumsbericht vor. |
| 5. Juni 2001 | SoVD-Präsident Hans Fiedler legt sein Amt nieder. Peter Vetter wird Nachfolger. |
| 1. Juli 2001 | Das Sozialgesetzbuch IX Rehabilitation und Teilhabe behinderter Menschen tritt in Kraft. |
| Januar 2002 | Der SoVD stellt unter dem Motto „Gesundheit hat Zukunft“ sein Konzept für eine sozialverträgliche Reform der Krankenversicherung vor. |
| Januar 2002 | Das Pflege-Qualitätssicherungs- sowie das Pflegeleistungs-Ergänzungsgesetz treten in Kraft. |
| 1. Mai 2002 | Das Gleichstellungsgesetz für behinderte Menschen tritt in Kraft und setzt damit langjährige Forderungen des SoVD um. |
| 26. Juli 2002 | Der SoVD wird vom Bundesministerium für Arbeit und Sozialordnung als Behindertenverband anerkannt. |

| | |
|---|---|
| 16. September 2002 | Richtfest der Bundesgeschäftsstelle, Benennung in „Hans-Fiedler-Haus“ |
| Sommer 2002 | Der SoVD startet seine große Pflegekampagne mit dem Schwerpunkt Dekubitus. |
| 11. März 2003 | „Rürup-Kommission“ legt Vorschläge zur Rentenreform vor, u.a. zur Rentenbesteuerung. |
| Sommer 2003 | Das Bundessozialgericht urteilt zur Gleichbehandlung der Schwerstbeschädigtenzulage in Ost und West. |
| 15.–17. Okt. 2003 | 15. Bundesverbandstagung in Berlin unter dem Motto „Gemeinsam sind wir bärenstark“. Adolf Bauer wird neuer SoVD-Präsident. |
| Oktober 2003 | Das 2. und 3. SGB-VI-Änderungsgesetz als Teil der Agenda 2010 werden vom Bundestag trotz heftiger Proteste der Sozialverbände verabschiedet. |
| Oktober 2003 | 7. Deutscher Seniorentag in Hannover |
| 1. Januar 2004 | Das Gesundheitsmodernisierungsgesetz tritt in Kraft. |
| Frühjahr 2004 | SoVD-Proteste gegen Sozialabbau im Februar in Hannover und im Mai in Berlin mit über 30.000 Teilnehmern |
| Frühjahr 2004 | Der SoVD lässt die Verfassungsmäßigkeit großer Teile der Agenda 2010 überprüfen. |
| Sommer 2004 | Das Alterseinkünftegesetz wird verabschiedet; es regelt die Rentenbesteuerung ab Januar 2005 neu. |
| Herbst 2004 | Der SoVD legt „12 Forderungen für eine würdevolle Pflege“ vor. |
| 1. Oktober 2004 | Spitzengespräch zwischen SoVD-Präsident Adolf Bauer und SPD-Parteichef Franz Müntefering |
| 1. Januar 2005 | Das „Vierte Gesetz für moderne Dienstleistungen am Arbeitsmarkt (Hartz IV)“ tritt größtenteils in Kraft. |

| | |
|---|---|
| 21. Juni 2005 | Der SoVD stellt sein Konzept „Für eine Erwerbstätigenversicherung – Aktionsprogramm zur Rettung der gesetzlichen Rentenversicherung“ vor. |
| Oktober 2005 | Der SoVD gründet mit befreundeten Verbänden das „Aktionsbündnis für berufliche Teilhabe“. |
| 2006 | Der SoVD beteiligt sich an den Verhandlungen zur UN-Behindertenrechtskonvention in New York. |
| 1. Mai 2006 | Das Arzneimittelversorgungswirtschaftlichkeitsgesetz tritt in Kraft. |
| Mai 2006 | Das Bundessozialgericht urteilt für ein SoVD-Mitglied, dass Erwerbsminderungsrenten vor dem 60. Lebensjahr nicht mit Abschlägen belegt werden dürfen. |
| 12. Juni 2006 | Der SoVD legt einen Entwurf für ein Pflegezeitgesetz vor. |
| 18. August 2006 | Das „Allgemeine Gleichstellungsgesetz“ (AGG) tritt in Kraft. |
| Sommer 2006 | Das „SGB-II-Fortentwicklungsgesetz“ tritt in Kraft. |
| September 2006 | Der SoVD unterstützt die Kampagne „Initiative 50 Plus“ des Bundesarbeitsministeriums für mehr Beschäftigung Älterer. |
| 21. Oktober 2006 | Der SoVD beteiligt sich an DGB-Protesten gegen die Rente mit 67. – über 220.000 Teilnehmer bundesweit. |
| 2007 | Der SoVD hat 511.000 Mitglieder. |
| 1. April 2007 | Das GKV-Wirtschaftlichkeitsgesetz tritt in Kraft. |
| 30. April 2007 | Das RV-Altersgrenzenanpassungsgesetz (Rente mit 67) tritt in Kraft. |
| Juni 2007 | Der SoVD stellt seine „10 Forderungen zur Verhinderung von Altersarmut“ vor. |

| | |
|---|---|
| 18. Juni 2007 | Die Bundesregierung einigt sich auf die Einführung einer gesetzlichen Pflegezeit für Arbeitnehmer. |
| 24.–26. Okt. 2007 | 16. SoVD-Bundesverbandstagung unter dem Motto „Soziale Gerechtigkeit gestalten – unsere Demokratie stärken“ |
| 20. Dezember 2007 | Bundesverfassungsgericht erklärt die Zusammenarbeit von Arbeitsagenturen und Kommunen für verfassungswidrig. |
| 1. Januar 2008 | Einführung des persönlichen Budgets für Menschen mit Behinderung |
| 13. Februar 2008 | Der ehemalige SoVD-Präsident Hans Fiedler stirbt im Alter von 81 Jahren. |
| 1. März 2008 | Das „Pflege-Weiterentwicklungsgesetz“ tritt in Kraft. |
| 28. Oktober 2008 | SoVD-Fachtagung „Pflege zu Hause – zwischen Liebe und Last“ |
| Herbst 2008 | Die Bundesregierung beschließt die „Konjunkturpakete I+II“ u.a. mit Maßnahmen gegen die hohe Arbeitslosigkeit und Beitragssenkungen bei den Krankenkassen. |
| Dezember 2008 | Der SoVD beteiligt sich am Bundeskompetenzzentrum Barrierefreiheit. |
| 1. Januar 2009 | Einführung des Gesundheitsfonds |
| 10. Januar 2009 | 17. außerordentliche SoVD-Bundesverbandstagung, auf der die Weichen für die Verselbstständigung der Landesverbände Berlin-Brandenburg, Niedersachsen, Nordrhein-Westfalen und Schleswig-Holstein gestellt werden |
| März 2009 | SoVD-Positionspapier „UN-Behindertenrechtskonvention umsetzen – inklusive Bildung verwirklichen“ |
| Juni 2009 | Auf dem 9. Deutschen Seniorentag stellt der SoVD seine „10 Forderungen zur Verhinderung von Altersarmut“ vor. |

| | |
|---|---|
| 26. Oktober 2009 | Jubiläumsveranstaltung zum 90-jährigen Bestehen der frauenpolitischen Arbeit im SoVD |
| 19. Dezember 2009 | 18. außerordentliche SoVD-Bundesverbandstagung |
| Mai 2010 | Umbenennung der INTEG-Jugend in SoVD-Jugend |
| Juni 2010 | Bundesregierung beschließt Einsparungen von 80 Mrd. €. |
| Juli 2010 | Verkürzung von Wehr- und Zivildienst |
| 16. Oktober 2010 | Gespräch mit Bundeskanzlerin Dr. Angela Merkel zur inklusiven Bildung |
| Herbst 2010 | Neubemessung der Hartz-IV-Regelsätze |
| 2011 | Der SoVD nutzt auch soziale Medien wie Facebook und Twitter. |
| 2011 | Der SoVD beteiligt sich an der „Allianz zur UN-Behinderten-rechtskonvention“. |
| 2011 | Die SoVD-Jugend hat gut 17.000 Mitglieder. |
| März 2011 | SoVD-Jahresempfang zum Thema „Rentner – Verlierer des Aufschwungs?“ und Großplakat an der Geschäftsstelle |
| 25. März 2011 | Der SoVD beteiligt sich erstmals am Equal Pay Day. |
| 26. März 2011 | Die UN-Behindertenrechtskonvention tritt in Deutschland in Kraft. |
| 12. Mai 2011 | Gespräch mit dem Präsidenten der Kultusministerkonferenz Dr. Bernd Althusmann über inklusive Bildung |
| 1. Juli 2011 | Aussetzung von Wehr- und Zivildienst |
| 5.–6. November 2011 | 19. SoVD-Bundesverbandstagung in Berlin unter dem Motto „Solidarisch denken – sozial handeln“ |
| Dezember 2011 | Der SoVD hat über 542.000 Mitglieder. |

| | |
|---|---|
| 2012 | Gründung des Bündnisses für gute Pflege |
| Februar 2012 | SoVD-Stellungnahme zum Pflege-Neuausrichtungsgesetz |
| 27. Februar 2012 | Konstituierende Sitzung des Ausschusses für Frauenpolitik |
| 23. März 2012 | Equal Pay Day 2012 |
| 25. April 2012 | SoVD-Fachtagung „Kultursensibilität in der Pflege“ |
| 17.–20. Mai 2012 | SoVD-Bundesjugendkonferenz „Leben! Geben? Nehmen?“ |
| Herbst 2012 | Der SoVD veröffentlicht unter dem Titel „Für einen solidarischen und verteilungsgerechten Sozialstaat“ seine Kernforderungen. |
| 16. Oktober 2012 | Bundesfrauenkonferenz „Frauenherzen ticken anders“ |
| 1. Januar 2013 | Abschaffung der Praxisgebühr |
| März 2013 | Anerkennung des SoVD als maßgebliche Organisation für die Wahrnehmung der Interessen der Pflegebedürftigen und ihrer Angehörigen |
| 25. März 2013 | Equal Pay Day 2013 |
| Juni 2013 | SoVD-Beteiligung an der Konferenz „Inklusion gestalten – gemeinsam. Kompetent. Professionell“ |
| Juni 2013 | Der SoVD legt ein Konzept für eine lebensstandardsichernde Rente vor. |
| 28. August 2013 | SoVD-Beteiligung an der 9. Frauen-Alterssicherungskonferenz zu Folgen prekärer Beschäftigung |
| 6. November 2013 | Im Konzept „Solidarische Pflege-Bürgerversicherung“ stellt der SoVD seine Anforderungen dazu vor. |
| 1. Januar 2014 | Einführung der elektronischen Gesundheitskarte mit Foto |

| | |
|---|---|
| 2014 | Der SoVD übernimmt den Vorsitz im Deutschen Behindertenrat. |
| 2014 | Der SoVD arbeitet die Leitlinien der deutschen UNESCO-Kommission zur inklusiven Bildung mit aus. |
| 2014 | Fusion der Landesverbände Sachsen-Anhalt, Thüringen und Sachsen zum Landesverband Mitteldeutschland |
| 21. März 2014 | Equal Pay Day 2014 |
| 16.–18. Mai 2014 | SoVD-Bundesjugendkonferenz „Eine Ausbildung für alle – eine Zukunft für Europa“ |
| 28. Juni 2014 | 1. SoVD-Inklusionslauf in Berlin-Tempelhof |
| 1. Juli 2014 | Das RV-Leistungsverbesserungsgesetz tritt in Kraft. |
| 13. Juli 2014 | Unter dem Titel „Neuordnung der Arbeitsmarktpolitik – Inklusion statt Hartz IV“ stelle der SoVD sein Konzept für eine Arbeitsmarktreform vor. |
| 5. Nov. 2014 | Bundesfrauenkonferenz „Frauen wehren sich gegen Gewalt“ |
| 2015 | Die SoVD-Jugend hat über 18.500 Mitglieder. |
| 1. Januar 2015 | Das „Gesetz zur besseren Vereinbarkeit von Familie, Pflege und Beruf“ tritt in Kraft. |
| 1. Januar 2015 | Mit dem Tarifautonomiestärkungsgesetz Einführung eines Mindestlohns von 8,50 € |
| 25. Februar 2015 | SoVD-Stellungnahme zum E-Health-Gesetz |
| März 2015 | SoVD-Stellungnahme zum Entwurf für das GKV-Versorgungsstärkungsgesetz (GKV-VSG) |
| März 2015 | SoVD-Stellungnahme zum Entwurf für ein Gesetz zur Verbesserung der Hospiz- und Palliativversorgung |

| | |
|---|---|
| 20. März 2015 | Equal Pay Day 2015 |
| Juni 2015 | 2. SoVD-Inklusionslauf in Berlin-Tempelhof |
| Juni 2015 | Unter dem Titel „Solidarische Bürgerversicherung“ legt der SoVD seine Anforderungen an eine leistungsfähige gesetzliche Krankenversicherung vor. |
| 1. November 2015 | Der ehemalige Bundesvorsitzende des Reichsbundes Prof. Dr. Walter Franke stirbt im Alter von 88 Jahren. |
| 5.–8. Nov. 2015 | 20. Bundesverbandstagung in Berlin unter dem Motto „Inklusion wagen – Solidarität gewinnen“. SoVD-Präsident Adolf Bauer wird im Amt bestätigt. |
| 5.–8. Nov. 2015 | Erklärung der 20. Bundesverbandstagung zur Flüchtlingskrise |
| 19. März 2016 | Equal Pay Day 2016 |
| 18. Juni 2016 | 3. SoVD-Inklusionslauf in Berlin-Tempelhof |
| 1. Mai 2017 | SoVD-App geht online. |
| 23. Mai 2017 | Festakt zum 100-jährigen Jubiläum der Gründung des „Bundes der Kriegsteilnehmer und Kriegsbeschädigten“ in der Friedrichstadtkirche Berlin mit Bundeskanzlerin Angela Merkel |
| 2. September 2017 | 4. SoVD-Inklusionslauf in Berlin-Tempelhof |
| 2017 | Jubiläumsjahr mit bundesweiten Aktionen und Feierlichkeiten im gesamten Verband |
| 30. Sept.– 1. Okt. 2017 | Abschluss des Jubiläumsjahres mit großem Bürgerfest rund um die Bundesgeschäftsstelle am historischen Standort |
| 1. Oktober. 2017 | Der SoVD hat 570.000 Mitglieder. |

# 100 Jahre SoVD in Bildern

*Jannowitzbrücke um 1906, mit Blick auf das ehemalige Bundeshaus*

*SoVD-Mitbegründer Erich Kuttner (1887–1942)*

*Der 3. Bundestag des Reichsbundes der Kriegsbeschädigten, Kriegsteilnehmer und Kriegshinterbliebenen findet 1924 statt. Man ändert und ergänzt das Sozialpolitische Programm des Reichsbundes. Unter anderem werden existenzsichernde Renten für Kriegsopfer, die darauf angewiesen sind, gefordert.*

*Reichsbund-Kundgebung in Hamburg, 1955. Das „Treffen der Hunderttausend" ist das größte Treffen deutscher Kriegsopfer überhaupt.*

*Kriegsbeschädigte am Alexanderplatz in Berlin um 1918*

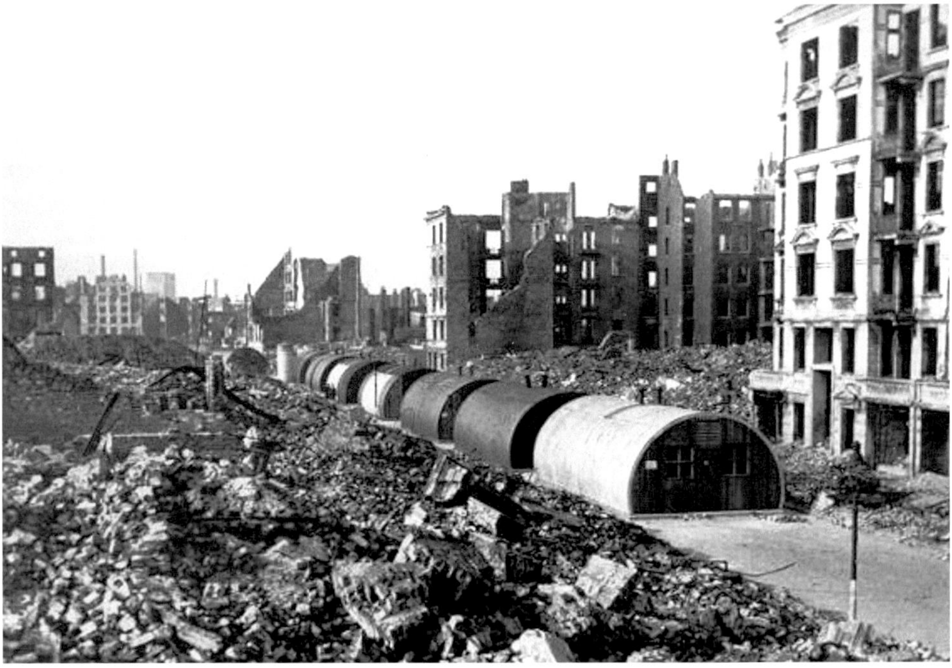

*Die Wohnungsnot ist so groß, dass als Behelfswohnungen so genannte Nissenhütten errichtet werden.*

*Der Schwarzmarkt wird eine wesentliche Grundlage für das Überleben großer Teile der Bevölkerung.*

*„Großer Bahnhof" für die vielen tausend Teilnehmer der Reichsbund-Kundgebung in Hamburg, 1955.*

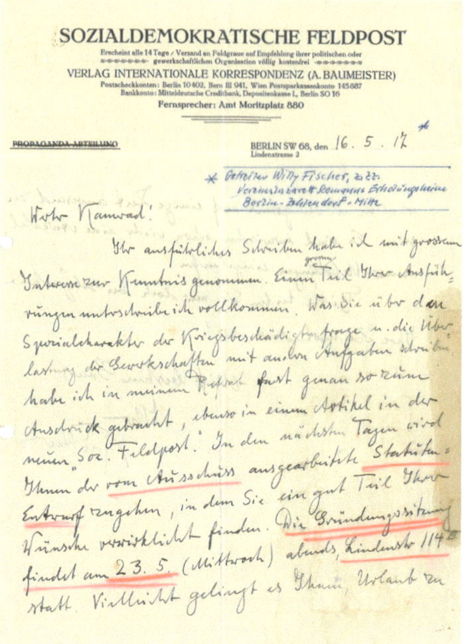
SOZIALDEMOKRATISCHE FELDPOST
Erscheint alle 14 Tage / Versand an Feldgraue auf Empfehlung ihrer politischen oder gewerkschaftlichen Organisation völlig kostenfrei
VERLAG INTERNATIONALE KORRESPONDENZ (A. BAUMEISTER)
Postscheckkonten: Berlin 10402, Bern III 941, Wien Postsparkassenkonto 145887
Bankkonto: Mitteldeutsche Creditbank, Depositenkasse L, Berlin SO 16
Fernsprecher: Amt Moritzplatz 880

~~PROPAGANDA-ABTEILUNG~~

BERLIN SW 68, den 16. 5. 17 *
Lindenstrasse 2

* Gefreiter Willy Fischer, z. Zt. Vereinslazarett ... Erholungsheim Berlin-Zehlendorf-Mitte

Werter Kamerad!

Ihr ausführliches Schreiben habe ich mit grossem Interesse zur Kenntnis genommen. Einen grossen Teil Ihrer Ausführungen unterschreibe ich vollkommen. Was Sie über den Spezialcharakter der Kriegsbeschädigtenfrage u. die Überlastung der Gewerkschaften mit andern Aufgaben schreiben, habe ich in meinem Referat fast genau so zum Ausdruck gebracht, ebenso in einem Artikel in der neuen „Soz. Feldpost". In den nächsten Tagen wird Ihnen der vom Ausschuss ausgearbeitete Statuten-Entwurf zugehen, in dem Sie ein gut Teil Ihrer Wünsche verwirklicht finden. Die Gründungssitzung findet am 23. 5. (Mittwoch) abends, Lindenstr 114 statt. Vielleicht gelingt es Ihnen, Urlaub zu

*In einem Handschreiben weist der Reichsbund-gründer Erich Kuttner einen im Lazarett liegenden Kameraden auf die Gründungssitzung am 23. Mai 1917 hin.*

*Mit einem künstlerisch gestalteten Plakat tritt der Reichsbund 1927 zu seinem zehnjährigen Bestehen hervor.*

*Schon im Sommer 1930 setzen die Proteste des Reichsbundes gegen den Abbau der Kriegsopferversorgung ein.*

*Der Verband veranlasst Massenkundgebungen gegen Rentenkürzungen in 100 Städten, um 1931.*

Reichsbund

Organ des Reichsbundes der Kriegsbeschädigten, Kriegsteilnehmer und Kriegerhinterbliebenen

Nummer 9/10 Berlin, 20. Mai 1932 15. Jahrgang

23. V. 1917 Fünfzehn Jahre Reichsbund 23. V. 1932

Zur Feier seines 15-jährigen Bestehens im Jahr 1932 gestaltete der Reichsbund die Mai-Ausgabe der Reichsbund-Zeitung mit diesem kunstvollen Deckblatt.

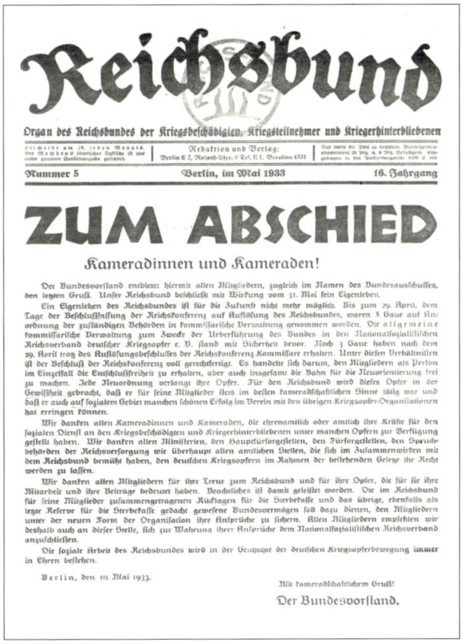
Reichsbund

Organ des Reichsbundes der Kriegsbeschädigten, Kriegsteilnehmer und Kriegerhinterbliebenen

Redaktion und Verlag: Berlin C 2, Roland-Ufer, 6 Tel. E1, Berolina 4331

Nummer 5 Berlin, im Mai 1933 16. Jahrgang

ZUM ABSCHIED

Kameradinnen und Kameraden!

Der Bundesvorstand entbietet hiermit allen Mitgliedern, zugleich im Namen des Bundesausschusses, den letzten Gruß. Unser Reichsbund beschließt mit Wirkung vom 31. Mai sein Eigenleben.

Ein Eigenleben des Reichsbundes ist für die Zukunft nicht mehr möglich. Bis zum 29. April, dem Tage der Beschlußfassung der Reichskonferenz auf Auflösung des Reichsbundes, waren 8 Gaue auf Anordnung der zuständigen Behörden in kommissarische Verwaltung genommen worden. Die allgemeine kommissarische Verwaltung zum Zwecke der Ueberführung des Bundes in den Nationalsozialistischen Reichsverband deutscher Kriegsopfer e. V. stand mit Sicherheit bevor. Noch 3 Gaue haben nach dem 29. April trotz des Auflösungsbeschlusses der Reichskonferenz Kommissare erhalten. Unter diesen Verhältnissen ist der Beschluß der Reichskonferenz voll gerechtfertigt. Es handelte sich darum, den Mitgliedern als Person im Einzelfall die Entschlußfreiheit zu erhalten, aber auch insgesamt die Bahn für die Neuorientierung frei zu machen. Jede Neuordnung verlangt ihre Opfer. Für den Reichsbund wird dieses Opfer in der Gewißheit gebracht, daß er für seine Mitglieder stets im besten kameradschaftlichen Sinne tätig war und daß er auch auf sozialem Gebiet manchen schönen Erfolg im Verein mit den übrigen Kriegsopfer-Organisationen hat erringen können.

Wir danken allen Kameradinnen und Kameraden, die ehrenamtlich oder amtlich ihre Kräfte für den sozialen Dienst an den Kriegsbeschädigten und Kriegerhinterbliebenen unter manchen Opfern zur Verfügung gestellt haben. Wir danken allen Ministerien, den Hauptfürsorgestellen, den Fürsorgestellen, den Spruchbehörden der Reichsversorgung wie überhaupt allen amtlichen Stellen, die sich im Zusammenwirken mit dem Reichsbund bemüht haben, den deutschen Kriegsopfern im Rahmen der bestehenden Gesetze ihr Recht werden zu lassen.

Wir danken allen Mitgliedern für ihre Treue zum Reichsbund und für ihre Opfer, die für sie ihre Mitarbeit und ihre Beiträge bedeutet haben. Beachtliches ist damit geleistet worden. Die im Reichsbund für seine Mitglieder zusammengetragenen Rücklagen für die Sterbekasse und das übrige, ebenfalls als letzte Reserve für die Sterbekasse gedacht gewesene Bundesvermögen soll dazu dienen, den Mitgliedern unter der neuen Form der Organisation ihre Ansprüche zu sichern. Allen Mitgliedern empfehlen wir deshalb auch an dieser Stelle, sich zur Wahrung ihrer Ansprüche dem Nationalsozialistischen Reichsverband anzuschließen.

Die soziale Arbeit des Reichsbundes wird in der Geschichte der deutschen Kriegsopferbewegung immer in Ehren bestehen.

Berlin, den 10. Mai 1933.

Mit kameradschaftlichem Gruß!

Der Bundesvorstand.

In der Mai-Ausgabe 1933 der Reichsbund-Zeitung entbietet der Bundesvorstand den Mitgliedern den Abschiedsgruß zur bevorstehenden Auflösung der Organisation.

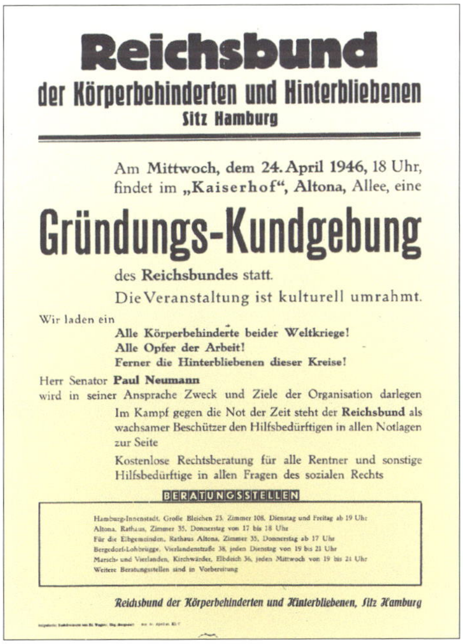
Reichsbund

der Körperbehinderten und Hinterbliebenen

Sitz Hamburg

Am Mittwoch, dem 24. April 1946, 18 Uhr, findet im „Kaiserhof", Altona, Allee, eine

Gründungs-Kundgebung

des Reichsbundes statt.

Die Veranstaltung ist kulturell umrahmt.

Wir laden ein

Alle Körperbehinderte beider Weltkriege!
Alle Opfer der Arbeit!
Ferner die Hinterbliebenen dieser Kreise!

Herr Senator Paul Neumann wird in seiner Ansprache Zweck und Ziele der Organisation darlegen

Im Kampf gegen die Not der Zeit steht der Reichsbund als wachsamer Beschützer den Hilfsbedürftigen in allen Notlagen zur Seite

Kostenlose Rechtsberatung für alle Rentner und sonstige Hilfsbedürftige in allen Fragen des sozialen Rechts

BERATUNGSSTELLEN

Hamburg-Innenstadt, Große Bleichen 23, Zimmer 108, Dienstag und Freitag ab 19 Uhr
Altona, Rathaus, Zimmer 35, Donnerstag von 17 bis 18 Uhr
Für die Elbgemeinden, Rathaus Altona, Zimmer 35, Donnerstag ab 17 Uhr
Bergedorf-Lohbrügge, Vierlandenstraße 38, jeden Dienstag von 19 bis 21 Uhr
Marsch- und Vierlanden, Kirchwärder, Elbdeich 36, jeden Mittwoch von 19 bis 21 Uhr
Weitere Beratungsstellen sind in Vorbereitung

Reichsbund der Körperbehinderten und Hinterbliebenen, Sitz Hamburg

Mit einer Plakat-Aktion ruft der Hamburger Reichsbund zur Gründungskundgebung auf, 1946.

Plakat zum 2. Bundestag des Reichsbundes in Hamburg, 1951.

*Aufruf zur Kundgebung, 1954.*

*Die Zahl der bundesweiten Versorgungsberechtigten ist auf dem absoluten Höchststand. Der Verband kann 410 Millionen Mark Mehraufwendungen für Kriegsopfer erkämpfen, 1954.*

*Plakat zum Bundestreffen der deutschen Kriegsopfer in Hamburg, 1955.*

*Beim großen „Treffen der Hunderttausend" in Hamburg im Jahr 1955 würdigt Kurt Sieveking den Verband als Deutschlands maßgebende Organisation der Kriegs- und Arbeitsopfer.*

*Auf dem 5. Bundestag im Jahr 1962 in Frankfurt am Main stehen Kinder im Zentrum: Der Verband fordert eine umfassende Versorgung für die etwa 5.000 Opfer des Contergan-Skandals.*

*Plakat zum 4. Kriegsopfer-Parlament, 1963 in Bonn.*

*Ende 1982 sind über 100.000 Schwerbehinderte arbeitslos – ein Negativrekord. Seit den 1970ern tritt der Verband für die Rechte aller Menschen mit Behinderung ein.*

*Willy Brandt bei einer Reichsbund-Veranstaltung in Oldenburg, 1970.*

*Festveranstaltung in Kiel zum 40-jährigen Bestehen des Reichsbundes nach der Wiederbegründung 1986.*

*Präsident Adolf Bauer spricht auf der 17. außerordentlichen Bundesverbandstagung im Jahr 2009.*

*Die Bundesjugendkonferenz der SoVD-Jugend im Jahr 2014.*

*Equal Pay Day, 2016.*

*Plakat zur Kampagne Altersarmut, 2016.*

*SoVD-Plakat zur Inklusion, 2016.*

*SoVD-Zeitung Oktober 2014 / Titelbild Frau Nahles und Adolf Bauer.*
*Die Arbeitsmarkt- und Sozialpolitik der Bundesregierung war Thema des Parlamentarischen Abends des SoVD. Dabei konnte der Verband Bundesarbeitsministerin Andrea Nahles als Hauptrednerin begrüßen.*

*SoVD-Zeitung April 2013 / Titelbild Jahresempfang mit Podiumsrunde.*
*V. li.: SoVD-Präsident Adolf Bauer, Moderatorin Angela Elis, Elke Ferner (Stellvertretende Vorsitzende der SPD-Bundestagsfraktion), Gabriele Molitor (behindertenpolitische Sprecherin der FDP), Peter Weiß (Vorsitzender der Arbeitnehmergruppe der CDU/CSU-Bundestagsfraktion), Steffi Lemke (politische Bundesgeschäftsführerin der Partei Bündnis 90/Die Grünen) und Bernd Riexinger (Bundesvorsitzender der Partei Die Linke) diskutieren auf dem Jahresempfang des SoVD im Jahr 2013 zum Thema „Sozialstaat und Finanzkrise – Vorschläge der Politik im Wahljahr".*

„Gegen soziale Demontage – für soziale Gerechtigkeit", Kundgebung vor dem Brandenburger Tor, 15. Mai 2004.

Die Bundesgeschäftsstelle des SoVD-Bundesverbandes in Berlin.

Viele Mitglieder folgen dem Aufruf zur Großdemo im Jahr 2004.

Gegen Sozialabbau auf die Straße – Demo 2004.

Wahlen auf der Bundesverbandstagung 2007.

*Bundesverbandstagung 2007.*

*SoVD-Präsident Adolf Bauer, Bundesverbandstagung 2007.*

*Bundesverbandstagung 2007.*

*Die Kampagne „Gut tun tut gut" ist auch Thema auf der Bundesverbandstagung 2007.*

*Die Sozialstaatskampagne des Verbandes 2008.*

*Im Januar 2009 findet eine außerordentliche Bundesverbandstagung statt.*

*Der SoVD-Inklusionslauf ist auch 2016 ein großer Erfolg.*

*Das Team des SovD-Landesverbandes Berlin-Brandenburg beim Inklusionslauf 2016.*

*Europameisterschaft Blindenfußball in Berlin.*

*Kuscheln mit Bär Roland, Inklusionslauf 2015.*

*Inklusives Bürgerfest 2017: beste Stimmung im Festzelt.*

*Auch mit Hilfe eines Plakates wird zum Inklusionslauf 2016 eingeladen.*

*In der Französischen Friedrichstadtkirche in Berlin findet der Festakt zum 100-jährigen Jubiläum statt.*

*Adolf Bauer hält die Eröffnungsrede beim Festakt am 23. Mai 2017.*

*Zum zweitägigen inklusiven Jubiläumsfest im September 2017 kommen über 2.000 Besucherinnen und Besucher.*

*Bürgerfest 2017: Die Stelzenläufer begeistern auf der Ländermeile.*

*Die Trommelgruppe Samba-Kids sorgt für schwungvolle Rhythmen beim Bürgerfest.*

*Festakt zum 100-jährigen Bestehen des SoVD: Bundeskanzlerin Dr. Angela Merkel (hier mit SoVD-Präsident Adolf Bauer) hält die Festrede.*

*Blumen für Kanzlerin Angela Merkel, Festakt am 23. Mai 2017.*

*Der Historiker Guido Knopp gibt einen geschichtlichen Rückblick.*

*Das SoVD-Präsidium mit Historiker Guido Knopp beim Festakt im Französischen Dom.*

*Rund 350 Gäste folgten der Einladung des SoVD zum Festakt in der Französischen Friedrichstadtkirche.*

*Mit der SoVD-Ehrenmedaille wird Ursula Stecker, besonders verdientes SoVD-Mitglied aus dem SoVD-Landesverband Mecklenburg-Vorpommern, durch Bundesschatzmeister Bruno Hartwig beim Jubiläumsfest ausgezeichnet.*

*Die Bundesgeschäftsstelle des SoVD-Bundesverbandes in Berlin., 2016.*